de lütt wulf

Autobiografie eines Kleinwüchsigen

Dieses Buch verfasste ich anhand der Aufzeichnungen und
Erzählungen meines Vaters. Wie meine Mutter,
war er mir stets ein treuer Freund und Ratgeber.
Ich betreute ihn bis zu seinem Tod im März 2017.

Peter Wulf

Walter Wulf

de lütt wulf

Autobiografie

FSC
www.fsc.org

MIX
Papier aus verantwortungsvollen Quellen
Paper from responsible sources
FSC® C105338

Impressum

Bibliografische Information der Deutschen Nationalbibliothek:
Die Deutsche Nationalbibliothek verzeichnet diese Publikation in der Deutschen
Nationalbibliografie; detaillierte bibliografische Daten sind im Internet über http://dnb.dnb.de
abrufbar.

© 2020 Peter Wulf

Herstellung und Verlag: BoD – Books on Demand, Norderstedt

ISBN: 978-3-7519-5002-2

An einem Wintertag, es war der 29. Januar 1930, wurde ich im städtischen Krankenhaus zu Neustadt an der Ostsee geboren. Ich wog 5 Kilo und kam mit den Füssen voran auf die Welt. Die Leute sahen das als ein Unglückszeichen an. Meine Mutter Dorothea, die jung und stark war, überstand die Geburt wohl-behalten und schon einige Tage nach meinem Erscheinen kam Opa Kroschinski mit Pferd und Wagen, um Mutter und Kind aus dem Krankenhaus heimzuholen.

So erreichten wir eingebettet in Heu und Stroh, gewickelt in ein paar Decken, das alte Fachwerkhaus, in dem meine Mutter, ihr Bruder Hans und meine Großeltern wohnten. Es war eine einsame Kate, abseits vom Dorf Sibstin gelegen. Und da die Dorfschmiede das Nachbargebäude war, nannte man die alte Kate "Hinter der

Oben: Tante Mary u. Adolf Steen. Eltern: Dora u. Paul Wulf
Unten: Hans u. Großeltern Kroschinski. Lütt Walter Wulf. Urgroßeltern Möhl u. Emy.

Schmiede". Wir wurden von Oma Kroschinski und einigen Nachbarsleuten freudig mit "Oh und Ah, was für ein starkes Kind, na du alter Schreihals, und ist der nicht süß!?" empfangen. Sogar der Hofhund Pluto soll mich neugierig angeschaut haben, nur der Vater fehlte, er musste arbeiten und kam erst am späten Abend heim.

Mein Vater Paul Wulf war Großknecht beim Bauern Bendfeld in Sibstin, jung, und besaß nichts außer seiner Arbeit. Auch meine Mutter hatte nichts eigenes, doch war sie schon mit 19 Jahren Mamsell in einem Gräflichen Gutshaus zum Krähenberg und das war schon eine hohe Anstellung, aber der Verdienst blieb klein. Meine Eltern lernten sich auf einem Dorffest kennen und setzen sich in eine Pferdekutsche zum „Knutschen". So bin ich ein Kutschenerlebnis meiner Eltern, die damit natürlich nicht gerechnet hatten. Eine Hochzeit war noch nicht geplant, und die Leute redeten über sie hinter vorgehaltener Hand, denn eine junge Frau mit Kind, doch ohne Mann wurde verachtet. Meine Mutter ging wieder arbeiten, und die Gräfin erlaubte ihr mich mitzubringen.

Das Elternhaus meines Vaters stand in Altenkrempe, fünf Kilometer von Neustadt entfernt. Sein Vater, Heinrich Wulf, war Zimmermann und Radmacher auf dem Gut Hasselburg. Der Besitzer des Gutes war der Graf Scheel-Plessen. Opa Heinrich war ein herrischer Mensch, zweimal verheiratet gewesen und hatte 16 Kinder. Natürlich wurde immer wieder über eine Hochzeit geredet, doch es fehlte an Geld und Wohnung. Aber meine Eltern hielten zusammen, meine Mutter wurde erneut schwanger. Das Kind sollte im Mai 1931 auf die Welt kommen. Nun wurde es eine ernste Angelegenheit, und der Großbauer Bendfeld veranlasste eine Aussprache mit Vaters und Mutters Eltern. So wurde entschieden, dass noch vor der Geburt des zweiten Kindes geheiratet wird. Im März 1931 war die Hochzeit. Eine Musikkapelle spielte und viele Leute aus Familie, Freunden und Nachbarschaft waren dabei. Ich wurde am Hochzeitstag in der Basilika zu Altenkrempe getauft auf den Namen Walter-Reinhard.

Meine Schwester Irmgard wurde im Mai 1931 geboren. Intensiv wurde nun nach einer Wohnung gesucht und im Dorf Klaushorst gefunden. Der Kleinbauer Marsen vermietete die Knechten-Wohnung. Mit Küchenmöbeln und nur zwei Betten zogen wir dort ein. Über den Hof kam man in die Küche, einen Flur gab es nicht. Die Küche war groß, aber sehr dunkel, es gab nur ein kleines Fenster und es brannten Petroleumlampen. Die Einrichtung war spärlich, ein großer gemauerter Herd mit drei Feuerstellen, Kisten für Brennholz, Wasserbecken und zwei Wasserkannen, ein Stuhl und ein Tisch. Die Küche und die Stube hatten Steinklinkerfußböden, die immer kalt waren. Die Stube hatte zur Straßenseite zwei Fenster mit acht kleinen Scheiben und einen großen Petroleumleuchter unter der Decke. Das Schlafzimmer hatte Holzdielen und nur ein Fenster, aber keine Beleuchtung. So war der Raum immer dunkel und kalt. Die beiden Betten und die Kinderwiege passten genau rein. Vater hatte einen riesigen Kachelofen besorgt und in der Stube aufgebaut.

Das Dorf Klaushorst bestand aus vier Bauernhäusern mit je vier Wohnungen und Stallungen für das Vieh. Die Sandstraße, im Sommer staubig und im Winter matschig, wurde eingefasst von den Häusern und einem Erdwall zu den Feldern hin. Auf dem Wall wuchsen Haselnuss, Weißdorn, Fliederbüsche und dicke uralte Eichen standen an der Straße. In einer Senke war ein kleiner Teich, der nach Jauche roch. Die anderen Kinder im Dorf, zwei Mädchen und drei Jungen, waren älter als ich. Die Mädchen kamen ab und zu zum Spielen, die Jungs hatten keine Zeit, sie mussten arbeiten.

Das Familienleben fand nur in der Küche statt. Freitags wurden alle Räume gefeudelt, danach wurde der Boden mit weißem Sand bestreut. Den Sand konnte man bei einem Händler kaufen, der jede Woche mit Pferd und Kastenwagen durch die Dörfer fuhr. Ich erinnere mich noch an einen Streit mit meiner Schwester Irmgard. Ich war vier Jahre alt und wir stritten darum, wer nun das Kissen am Fenster haben darf. Beim Hin- und Herwerfen zerriss das Kissen an einem Draht, und die Federn bedeckten den Garten und die Straße. Mutter war natürlich böse. Ihre Strafe tat nicht weh, aber wir mussten die Federn wieder einsammeln. Das dauerte natürlich eine Ewigkeit. Unsere Mutter hatte auch reichlich Arbeit mit uns, der Wohnung und dem Garten. Sie pflanzte allerlei Gemüse wie Porree, Kartoffeln und Zwiebeln. Es gab auch Obstbäume und Erdbeeren. Vater hatte einen Arbeitsweg von etwa zwanzig Minuten zum Dorf Sibstin, und wir beiden Kinder hatten einen Pfad über Wiesen und Felder zu Oma und Opa Kroschinski gefunden, sie wohnten nur zehn Minuten entfernt.

Fünf Jahre lebten wir in dem Dorf. Wir Kinder hatten so manchen Kampf mit Bauer Marsens Gänserich. Mich konnte er absolut nicht leiden und so manchen Tag kam ich unter seine Flügel. Ich wurde gebissen, bis sich ein Mensch erbarmte und mich rettete. Im Sommer wurde im Dorfteich gebadet, nach Jauche stinkend und mit der Kleidung unterm Arm gingen wir nach Hause. Mutter wurde böse und mit einem Holzbrett gab es Schläge auf den Hintern. Obwohl es nicht sehr schmerzte, schrien wir sehr laut. Meine Schwester war bedächtig, ich überall der Erste und Ausführende. Ich war Opa Kroschinskis Liebling, mein Wunsch ging immer in Erfüllung und darüber gab es oft Streit. Auch die Frau Bendfeld mochte mich gerne und fütterte mich mit Holsteiner Katenrauchmettwurst. Vor Feierlichkeiten stritten sich meine Eltern. Mutter tanzte gern, Vater schmeckte Bier und Korn, was unsere Mutter gar nicht leiden konnte. So entstand schon vor dem Fest ein Streit, der damit endete, dass Mutter daheim blieb und unser Vater spät nachts betrunken nach Hause kam. Er brüllte laut rum und zerrte uns aus den Betten. Mutter sperrte ihn dann aus, und „der Herr im Haus", wie er sich gerne nannte, musste bei den Katzen im Holzstall schlafen. Der Streit wurde so heftig, dass Mutter mit uns zu ihren Eltern ging und Vater auf seiner Arbeitsstelle blieb. Die Wohnung stand jetzt leer, weil keiner nachgeben wollte. Nun sprachen Opa Wulf, Opa Kroschinski und der Großbauer Bendfeld ein Machtwort. Meine Eltern sollten endlich einsehen, dass es so nicht weitergehen konnte. Leider tat keiner den ersten Schritt, und bei den nächsten Festen kam wieder Streit auf. Meine Eltern taten sich schwer in den ersten Jahren.

Die Bauern und die Kirchengemeinde schlossen sich zu einem Wasser- und Bodenverband zusammen. Es ging um die Benutzung der kirchlichen Sauerwiesen, die nun so fest waren, dass dort Kühe weiden sollten. Zur ständigen Entwässerung war eine Pumpe gebaut worden, die das Wasser von den Weiden abzog und über das Binnenwasser in die Ostsee pumpte. Es wurden Abwassergräben gezogen, der Hauptgraben wurde vertieft und verbreitert. Für die anfallenden Arbeiten und die Bedienung der Pumpe wurde ein Mann gesucht. Mein Vater sollte dieser Mann werden. Als alles geregelt war, zogen wir im April 1936 von Klaushorst nach Altenkrempe.

Altenkrempe, ein großes altes Dorf, gebaut auf einem Sandhügel von West nach Ost und früher von der Ostsee umgeben. Mit einer Basilika aus dem 13. Jahrhundert. Neben der Kirche die Schule und das Pastorat mit Scheune. Am Dorfplatz die Gaststätte "Kremper Krug" und an beiden Straßenseiten die reetgedeckten Wohnhäuser und Stallungen. Dahinter die Gärten, die im Westen von der Kremper Au begrenzt werden. Östlich des Dorfs liegen die Sauerwiesen.

Es gab vier Gemeindehäuser und vier Bauernhäuser mit je vier Wohnungen. Die Gemeindehäuser wurden bewohnt von Leuten, die auf dem Gut Hasselburg oder für die Gemeinde arbeiteten. Neben den Bauernhäusern standen noch Schuppen mit Schweine- und Hühnerstall sowie ein Plumpsklo. Dann war da noch der Hofplatz, auf dem in der Mitte die Wasserpumpe

Unser Bauernhaus in Altenkrempe

stand. Ein Stück weiter der Stall für das Vieh und noch genug Platz zum Einlagern für das Korn. Richtung Süden gab es eine Sandstraße nach Neustadt, nach Norden ging es zur gräflichen Villa des Gutsherren Scheel-Plessen. Die Straße, der Kirch- und Dorfplatz, sowie die Kirche mit dem Friedhof waren mit uralten dicken Lindenbäumen eingegrenzt. Unsere Wohnung lag in einem Haus nahe der Kirche, neben Bauer Meier, von dem wir die Wohnung bekamen. Sie war geräumig, hell und hatte drei Zimmer mit einer Küche die zum Hof führte. Durch eine zweite Tür gelangte man auf die Dorfstraße.

Vaters Arbeitsstelle war nur 200 Meter von der Wohnung entfernt. Seine Arbeit bestand darin, das Wasser von den Wiesen in die Ostsee zu pumpen. Dafür stand ihm eine Siemens-Pumpe zur Verfügung, die in einem Häuschen über dem Pumpengraben gebaut war. Die Schnecke saugte das Wasser an und drückte es durch ein Rohr unter der Straße hindurch ins Neustädter Binnenwasser. Andere Arbeiten, die Vater erledigte, waren Ablaufgräben sauber halten, Böschungen mähen und Reet schneiden. Das alles hatte er nach einem Jahr so im Griff, dass er auch andere Arbeiten bei den Bauern annahm. Auch spielte er Fußball und hielt die Feuerwehr aufrecht. Er war plötzlich „der Mann", ohne ihn wurde nichts aufgestellt.

Ich war im Januar sechs Jahre alt geworden und kam im April 1936 in die Schule. Natürlich haben die anderen Kinder meinen Kleinwuchs bemerkt, doch darüber hat niemand geredet. Mein erster Lehrer war Herr Höppner, der mich vom ersten Schultag an förderte und über meinen Kleinwuchs aufklärte. Ich hörte zum ersten Mal das Wort Liliputaner, später habe ich das Buch „Gullivers Reisen" gelesen, fand aber kein Gefallen daran.

Durch die Arbeit meines Vaters kam ich natürlich auch ans Wasser, bemerkte die vielen Fische darin und sah die Angler vom Neustädter Angelverein. Ich bettelte so lange, bis ich ein paar Meter Schnur und einen Haken geschenkt bekam. Opa Kroschinski brachte mir aus seinem Wald eine Haselnussrute und einen geschnitzten Korken, damit angelte ich, und mancher Vereins-Angler murrte über meine Fänge. Man verbot mir das Angeln in der Kremper Au, sodass ich es im Pumpengraben versuchen musste. Vaters Chef, der Graf de la Motte vom Gut Krummbek, gab mir die Erlaubnis.

Meine Schwester Irmgard kam 1937 in die Schule, sie war grösser als ich. Irmgard war etwas unselbstständig und musste an alles herangeführt werden. Mutter tat das mit Schimpfen und Schlägen. Im gleichen Jahr wurde im Februar unser Bruder Heinrich geboren, Mutter hatte nun noch mehr Arbeit. In gewisser Weise hatten sich die Eltern nicht geändert, Vater war in vielen Vereinen und Mutter ewig eifersüchtig.

Im Dorf selbst tat sich reichlich. Es begann damit, dass die Straße von einer Sand- zu einer Teerstraße umgebaut wurde. Der Arbeitsdienst zog Gräben und Dämme am Binnenwasser entlang. Es kamen Männer und setzten Masten am Haus. Andere verlegten Kabel an den Masten und in alle Wohnungen im Dorf. So konnte man Strom beantragen, wenn man es bezahlen konnte. Adolf Hitler redete nun ständig im Schulradio von der nationalsozialistischen Revolution. Die alten Bauern aber hängten die Schleswig-Holstein-Flagge an ihre Häuser und nicht das Hakenkreuz.

Es änderte sich viel in diesen Jahren. Der Bürgermeister wurde zum Ortsgruppenleiter ernannt, dann gab es einen Ortsbauernführer und eine Gemeindeschwester. Den Bauern wurde befohlen, was gesät und angebaut werden sollte. Später wurden extra für die Partei Schweine und Kälber gemästet. Es musste eine bestimmte Summe an Eiern abgegeben werden, und Spendensammler mit Büchsen gingen durch das Dorf. Die Geldsammlungen nannten sich „Winter Hilfswerk" und „Hilfswerk Mutter und Kind", keiner sollte hungern oder frieren. Auch kam die Partei zu den Kindern, ab zehn Jahren musste man in der Deutschen Jugend sein, ab zwölf Jahren in der Hitler Jugend, und ab 14 Jahren wurden Jungen am Gewehr ausgebildet. Die Mädchen wurden in den "Bund Deutscher Mädel" aufgenommen und kamen mit 16 Jahren zu einem Arbeitspflichtjahr zu Bauern, in Büros oder Fabriken.

Meine Schwester und ich hatten die Aufgabe, aufs Brüderchen Heinrich aufzupassen oder ihn im Kinderwagen spazieren zu fahren. Oh, wie ich das hasste, wo ich doch ein Hobby gefunden hatte, das mich Tag und Nacht beschäftigte: Ich war ein Angler geworden. Auch meinte ich, ein Mädchen könnte besser mit einem Baby umgehen, so türmte ich nach dem Mittagessen aus dem Haus und verschwand ans Wasser, das reichlich vorhanden war.

1938 wurden Männer ab 18 Jahren zu den Waffen gerufen, allerorts sprach man über einen Krieg. Die Familien im Dorf mussten Pferde an die Wehrmacht abgeben. Auch Schlachttiere wurden von der Partei eingeteilt, und wer anderer Meinung war, verschwand und kam nicht wieder. Auch unser Lehrer Höppner war eines Tages mit Frau und Kind verschwunden, Fragen der Schulkinder wurden nicht beantwortet.

Wir bekamen einen neuen Lehrer, Herrn Lensch. Überraschend war er mit Frau und Kind in die Lehrerwohnung eingezogen. Die Requisitenkammer verband die Lehrerwohnung mit dem Schulraum. Um 8 Uhr stürmte unser neuer Lehrer in den Unterrichtsraum, stellte sich vorne am Pult auf und brüllte: "Heil Hitler!" Lensch war

Ende 20, angezogen mit braunem Hemd, Hakenkreuzbinde, Reithose und Lackstiefeln. Geschockt sprangen wir Kinder auf und grüßten im Chor: "Guten Morgen Herr Lehrer." Wir waren wohl etwa 60 Kinder in dem Raum, aufgeteilt vom ersten bis vierten, sowie vom fünften bis achten Schuljahr, getrennt durch den Mittelgang. An der rechten Wandseite waren sechs große Fenster, an der linken ein Ofen, Bänke und die Tür.

Der Lehrer sprach weiter: "Wenn ich in den Schulraum komme, hebt ihr den rechten Arm und sagt gemeinsam, Heil Hitler Herr Lehrer! dann grüße ich, und ihr setzt euch so leise wie möglich. Ich bin euer neuer Lehrer und mein Name ist Herr Lensch. Für euch beginnt nun eine neue Zeit und was ihr gelernt habt, könnt ihr gleich wieder vergessen. Bei mir lernt ihr unseren Führer kennen, der das großdeutsche Reich erschaffen wird, und durch mich werdet ihr alle dabei helfen. Wir wollen gleich damit beginnen und schauen, ob ihr saubere Fingernägel und Hände habt und eure Kleidung sauber ist. Und ich werde auch nachsehen, ob ihr Kopfläuse habt. Also, Hände auf den Tisch!"

Natürlich hatte kein Kind saubere Nägel oder Hände, die Arbeiten zu Hause und in den Gärten wurden mit den Händen gemacht. So schlug er mit dem Lineal auf Finger und Hände. Dies wiederholte er jeden Tag, bis sich alle Kinder unter der Dorfpumpe gewaschen hatten. Die Eltern regten sich darüber auf, doch keiner wagte zu protestieren. So wütete dieser Mensch, bis ihm alle Kinder sauber genug waren. Auch wer saubere Hände hatte, kam nicht ungeschoren davon. Er fand immer einen Grund uns zu züchtigen. Er befahl, dass alle Kinder aufstehen sollten, dann schrie er mich an, ich solle auch aufstehen. Aber ich stand ja schon, nur war ich, wenn ich stand, kleiner als wenn ich auf der Bank saß. So gab ich zu verstehen, dass ich bereits stehe, nur vergaß ich dabei das Zauberwort "Herr Lehrer" zu sagen.

Er besorgte aber auch Bälle für Fuß- und Handball, er lehrte uns im Saal vom Gasthaus das Tanzen und übte mit uns Märchenspiele. Doch sein liebstes Thema war die Landkarte vom großdeutschen Reich, wo Polen, Böhmen und Mähren, das Saarland, Österreich, Tschechei und ein Stück von Ungarn schon drauf gezeichnet waren. Da traute ich mich zu sagen, dass Polen noch gar nicht Deutsch wäre. Er schrie und tobte wie von Sinnen, mein Gott, hätte ich doch bloß meinen Mund gehalten.

Walter Wulf 1940

Der Lehrer Lensch hatte einen Garten mit einem großen Apfelbaum, der trug überreichlich Früchte, und viele Äpfel lagen schon auf dem Boden. Die älteren und großen Jungs kamen auf die Idee, von diesen Äpfeln ein paar zu stehlen. Natürlich vom Baum, die Äpfel auf der Erde wollten sie nicht. Man überredete mich mitzumachen. Die Jungs setzten mich in den Baum, ich begann zu pflücken, und meine Kumpels verschwanden mit den Äpfeln. Plötzlich stand der Lehrer unter dem Baum. Er holte mich vom Ast und zog an meinem Ohr bis es blutete. Er sagte: „ Morgen früh im Unterricht nennst du mir die Namen der Jungen, die dich in den Baum gehoben haben."

Am nächsten Morgen, nach dem Heil Hitler, der Nägel-, Ohren- und Halsbeschau, war ich dran. Nun, ich hatte mehr Angst meine Kumpels zu verpfeifen, als vor den Schlägen die ich erwartete, und so nannte ich keinen Namen. Da schlug mich dieser Sadist nicht auf den Hintern, sondern hinten auf die Oberschenkel, die Striemen auf der Haut platzten auf und brannten furchtbar. Sitzen konnte ich nicht mehr und stand nun in der Schulbank. Auch beim Essen daheim stand ich am Tisch. Da sagte mein Vater: „ Bitte setz dich." Doch ich erwiderte: „Ich gehe gleich angeln, die anderen warten schon auf mich." Am Abend kletterte ich auf das Etagenbett und Vater sah die Striemen. Nun musste ich doch alles erzählen. Mein Vater sagte kein Wort, Mutter cremte die Striemen ein und ich legte mich ins Bett.

Morgens in der Schule flog die Klassentür auf und krachte gegen die Wand. Mein Vater stand in der Tür und schaute den Lehrer Lensch an. Der wich bis ans Fenster zurück, als mein Vater auf ihn zuging. Der Lensch kreischte fast, als er sagte: „ Herr Wulf, bedenken Sie, wenn Sie mich anfassen, fassen Sie auch Hitlers Hemd an, das könnte schwere Folgen für Sie haben!" Daraufhin erwiderte mein Vater: „ Ich werde Sie und auch das Hemd nicht anfassen, sollten Sie meinem Sohn aber noch einmal solche Schläge beibringen, dann fasse ich Sie an, auch wenn Sie das Braunhemd tragen." Dann verließ mein Vater den Raum. Es war so leise, dass wir den Lehrer atmen hörten. Er beendete den Unterricht und schickte uns nach Hause. Mich hat der Lensch nie wieder angefasst, auch meine Schwester ließ er in Ruhe.

Opa Kroschinski und sein Sohn Hans arbeiten von früh bis spät, aber sein Land brachte nichts ein. Opa hatte es auch mit dem Nachbarn schwer, er war nicht in die N.S. Bauernschaft eingetreten. Die Parteileute bespitzelten ihn, und er wurde sehr oft angezeigt, wegen angeblichem Waffenbesitz, Tierquälerei und anderen Dingen. Die Polizei sperrte ihn immer wieder ein, obwohl er unschuldig war. Für den alten Herrn war alles zu viel, er gab die Arbeit auf und der Lebensmut verließ ihn. 1938 starb er plötzlich. Sein Sohn Hans war nun 18 Jahre alt und musste zum Reichs-Arbeitsdienst, ein Jahr später war er Soldat. Er wurde Panzerfahrer. Oma blieb allein im Haus. Land, Tiere und Geräte verteilte die Partei an die Bauernschaft. Die NSDAP hatte immer Recht. Dafür sorgten der Ortsgruppenleiter und der Ortsbauernführer.

Vater hatte Leitungen legen lassen, damit wir in jedem Raum Licht hatten. Der Graf de la Motte tat vieles für uns. Unsere Eltern halfen dafür beim Mähen und Dreschen auf dem Gut Krummbek. So musste ich nach der Schule das Mittagessen für meine Geschwister aufwärmen. Ich stellte mir immer einen Schemel vor den Ofen, um in die Töpfe oder Pfannen zu schauen, so konnte ich auch besser darin rühren.

Im Herbst 1938 kam der Bruder meines Vaters zu Besuch. Er hieß Franz, war Zimmermann und hatte die Idee, mich mal zu messen. Ich sollte mich mit einem Buch auf dem Kopf in den Türrahmen stellen, und er maß mit dem Zollstock nach. De Lütt Wulf, wie man mich im Dorf nannte, war ein Meter und vier Zentimeter groß oder klein. Mich selbst hat meine Kleinheit nicht gestört und darüber nachgedacht habe ich auch nicht. Ich hatte zu tun, in Haus und Garten, denn Mutter hatte immer Arbeit für mich. Ich musste auch die Pumpstation bedienen und das Einlaufrohr von Kraut freihalten. Natürlich kam ich auch zum Angeln.

Der Krieg mit Frankreich und England machte sich bemerkbar, die jungen Männer fehlten. Die alten Bauern bekamen polnische Hilfskräfte, junge Leute zwischen 20 und 30 Jahren. Nach Altenkrempe kamen auch Männer und Frauen aus der Anstalt für geistig Behinderte bei Neustadt. Die Frauen machten Haus- und Stallarbeiten und molken die Kühe. Die Männer halfen beim Pflügen der Felder, beim Pflanzen und Ernten. Ich musste auf dem Pferd reiten, wenn die Reihen für das Auslegen der Kartoffeln gezogen wurden und später noch einmal, um die jungen Kartoffelpflanzen anzuhäufen. Wir Kinder mussten auf den großen Feldern die Disteln abstechen, die in der Saat wuchsen. Wir sollten Kartoffelkäfer und Maikäfer sammeln, das waren alles Schädlinge und dafür mussten Schulstunden geopfert werden. Der Lehrer verlangte einen ausführlichen Aufsatz über diese Tätigkeit.

Auch 1940 wurden noch Dorffeste gefeiert. Ostern das Kinderfest mit Sporteinlagen, das Schützenfest und Ringreiten am Pfingstmontag. Auch der Fußballverein, die Feuerwehr und der Siedlerbund feierten ihre Festtage mit Tanz im Saal des Kremper Krug. Jeden Sonntag von 10 bis 11,30 war Kirchgang und man beklagte die ersten Gefallenen der Kirchengemeinde. Pastor Niemann, der im Polenfeldzug ein Bein verloren hatte und an Krücken ging, war ein neugieriger Mensch. Bei Tag und Nacht schlich er durchs Dorf und war Erster und Letzter auf allen Festen. Er hatte einen Storch, der nicht fliegen konnte und viele Jahre im Dorf umher stolzierte. Für den Storch musste ich Fische angeln und ihn damit füttern. Hatte ich keine Fische, schimpfte der Pastor.

Der Krieg wurde heftiger, unser Lehrer Lensch frönte seinem Hobby und steckte Nadeln in die Landkarte. Er zeichnete so die genaue Frontlinie. Kam durchs Radio eine Sondermeldung, mussten wir in den Bänken stehen und zuhören. Danach wurde über Kapitänleutnant Prien und sein U-Boot geredet, und der Mann in seinem Braunhemd und Lackstiefeln stand am Pult und schrie mit uns: "Heil Hitler!" Mein Gott, was war das für ein Mensch!

Unser Schulhof war zu klein, deswegen spielten wir in den Schulpausen auf dem Dorfplatz zwischen Krug und Kirche. Lehrer Lensch hatte reichlich für Sport- und Turngeräte gesorgt. Wir machten Wanderungen und sammelten für die Dorfschwester Pflanzen und Kräuter, daraus sollten Medikamente für die Soldaten gemacht werden. Das Leben im Dorf ging weiter, hier war kein Krieg. Aber mehr Meldungen kamen, dass Väter und Söhne gefallen waren. In der Zeitung stand dann zu lesen: Er starb für Führer, Volk und Vaterland.

Unser Vater war 1941 einige Monate bei der Flakabwehr auf der Nordseeinsel Föhr. Er war in Altenkrempe „der Mann", geschätzt und geachtet. Als Soldat wurde er nun rumkommandiert, das mochte er gar nicht und es veränderte ihn. Wenn er zu Hause war, betrank er sich und meinte, wir würden ihn als Haushalts-Vorstand nicht anerkennen.

Meine Schwester war für ihre elf Jahre groß und schlank und hatte lange geflochtene Zöpfe. Mein Bruder, nun vier Jahre alt, war ein schwieriger Fall, er war bockig, versteckte sich viele Stunden, und manches Mal mussten wir annehmen, dass etwas mit ihm geschehen war. Aber wenn wir ihn auch nicht fanden und um ihn bangten, der Hunger brachte ihn immer wieder heim. Ich hatte in den Wintermonaten das Kochen, Nähen und Stricken gelernt. Kochen musste ich oft, da Mutter bei der Ernte half oder im Garten zu tun hatte. Es wurde Land gepachtet, um dort Kartoffeln zu pflanzen, denn im Garten war nicht genug Platz. Vater hatte die Pastorenscheune gemietet und vom Viehhändler vier junge Kühe zum Füttern aufgenommen. An den Bächen und an den Deichen hatte der Vater reichlich Heu geerntet und damit wurden die Kühe gefüttert. Nun kam Arbeit auf meine Schwester und mich zu: Von der Dorfpumpe mussten wir mit Kannen Wasser zu den Kühen tragen, und das war weit, wir haben geflucht, Tag für Tag, im Sommer und Winter. Es kamen noch zwei eigene Milchkühe hinzu. Mutter musste melken, wir Kinder den Stall säubern und die Tiere füttern. Zwischen Wohnhaus und Scheune war ein Häuschen mit Hühner und Schweinestall. Dort tummelten sich ein Hahn und zwölf Hühner und in einem Koben das Schwein. Jedes Jahr wurde im November das Schwein geschlachtet, das Fleisch wurde eingeweckt, Wurst, Schinken und Speck kamen in die Räucherei. Die Verwandtschaft roch den „Braten" und kam, um sich Fleisch zu holen. Nach dem Schlachtfest wurde sogleich ein neues Jungschwein gekauft.

Aus dem Radio kamen täglich Kriegsmeldungen. Es hingen jetzt überall die Hakenkreuzfahnen, an jedem Haus, sogar an der Kirche. Über die Bombenflugzeuge des Feindes, die hoch am Himmel ihre Kondensstreifen zogen, wunderte man sich schon. Aber die waren ja nicht gefährlich, die wurden alle von der Flak und den deutschen schnelleren Jägern abgeschossen. Und die U-Boote versenkten viele feindliche Schiffe. Der Krieg würde bald vorbei sein, das hörten wir im Radio.

Im Sommer 1941 bekam Lehrer Lensch den Stellungsbefehl. Seine Lieblingsschüler weinten mit ihm beim Abschied, aus Freude oder Angst. Ich hatte die Hände geballt und gemurmelt, hoffentlich bestraft man dich. Einige Jahre später hörte ich von einem Angler aus Cismar an der Ostsee, dass Lehrer Lensch in Russland sehr schwer verwundet wurde. Er verlor das linke Auge, eine Hand und ein Bein. Das hatte ich ihm nun doch nicht gewünscht.

Unser Lehrer Lensch war Soldat geworden, und bei uns erschien ein Neuer, ein junger Mann um die 30 Jahre. Er kam mit dem Fahrrad aus Hobstin, einem Bauerndorf einige Kilometer von Altenkrempe entfernt. Als er eintrat, sprangen wir auf und grüßten mit, Heil Hitler! Er lächelte, stellte sich ans Pult und nannte seinen Namen, den wir nicht verstanden. Er ging durch die Reihen und kniff so manches Kind in die Backe und verdrehte den älteren Knaben einen Arm, dabei murmelte er Worte, die wir erneut nicht verstanden. Eine helle Narbe zog sich von seiner Schläfe bis zur Stirn. Er hatte einen langen Rohrstock mitgebracht, damit schlug er sich in seine Hand und der Stock pfiff dabei. Dann sagte er zu uns gewandt: „Michel horch der Seewind pfeift." Er begann seine „Lieblinge" in die vorderen Bänke zu setzen. Die Kinder, die er nicht mochte, kamen hinten an die Wand. In den nächsten Wochen benahm sich der Lehrer immer sonderbarer. Er war geisteskrank, verursacht durch einen Kopfschuss im Krieg. Nun wurden die Eltern hellhörig, bestürmten den Bürgermeister, damit dieser veranlasste, den Lehrer zu entfernen. Was auch geschah.

Jetzt passierte es schon öfter, dass Todesnachrichten bei einigen Familien im Dorf eintrafen, so auch bei Familie Asmus. Der Mann war gefallen, die Frau war nun mit ihren drei Töchtern allein. Da ihr Mann Kirchendiener war, bekam sie eine kleine Rente und von der Gemeinde ein paar Zentner Kartoffeln und Brennholz. Durch den Staatlichen Urlaubsbetrieb „Kraft durch Freude" erhielt die Witwe mit ihren Kindern einige Wochen Sonderferien in Bayern. Die Gemeinde suchte nun einen neuen Kirchendiener, der auch Gräber aushob, die Kirche beheizte und den sonntäglichen Gottesdienst herrichtete. Der Pastor Niemann hatte einen „Pharisäer" gefunden, meinen Vater, und beide wurden ein Gespann Gottes mit vielen Fehlern.

Als ich meinen Vater zum ersten Mal in seinem langen schwarzen Mantel und dem Zylinder auf dem Kopf sah, dachte ich, das ist der Carl Valentin, der bayrische Komiker. Den Zylinder und den Paletot hatte er von seinem Vater. Da er aber größer war und zu lange Arme hatte, benähte Mutter die Ärmel und den Kragen mit Samt. Mantel und Ärmel passten nun und auch der Zylinder. Ein Streifen Pappe war unter das Schwitzband geklemmt worden. Ich konnte nicht ernst bleiben und habe so gelacht, dass ich umgefallen bin. Die Strafe dafür folgte: Meine Schwester und ich mussten bei allen kirchlichen Anlässen die Glocken läuten, aber das Geld dafür steckte mein Vater ein.

Im Herbst 1941 bekamen wir einen anderen Lehrer, auch er kam mit einem Fahrrad, aber ein älteres Modell. Den Lenker hochgezogen, der Sattel sehr breit mit Federung, vorn am Lenker war eine Karbid-Lampe angebracht und an der Nabe am Hinterrad eine schmale Fußraste zum Aufsteigen. Der ältere Herr saß sehr gerade auf dem Rad, hatte einen langen Mantel an und trug einen flachen spanischen Hut. Vom Rad hüpfte er, was uns natürlich schmunzeln ließ. Er stellte sich vor als Lehrer Naß. Er kam aus Neustadt, und an seiner Weste hing eine auffällige goldene Kette, daran eine Taschenuhr. Dieser Mensch war die Ruhe selbst.

Wir hatten zwei Jungs in der Schule, Söhne vom Orts-Bauernführer, die in Uniform kamen. Die sprachen über eine Sondermeldung im Radio, Herr Naß begann sich einzumischen, er wurde immer lauter. Nahm seine Uhr und drehte diese an der Kette durch die Luft, spuckte uns, ohne es zu wollen, beim Sprechen an und erzählte vom ersten Weltkrieg, den er als junger Soldat überlebt hatte. Das Gas hatte ihn in Frankreich krank gemacht. Jede Kriegsmeldung war für ihn ein Trauma, und immer wieder erzählte er von seinen Erlebnissen an der Front. Im Krug trank er ab und zu einen über den Durst und unterhielt sich mit dem alten Organisten der Kirche. Der war in der Partei, sie bekamen Streit und beschimpften sich laut. Vertrugen sich aber wieder bei der nächsten Begegnung. Herr Naß führte das Vogelschießen für die Schulkinder wieder ein und probte mit uns Theaterstücke, die wir dann im Winter auf der Bühne im Kremper Krug aufführten.

Der Lehrer wollte ein Märchen aufführen und ich sollte das Rumpelstilzchen spielen. Da weigerte ich mich, denn man nannte mich schon „de lütt Wulf", ich wollte nicht, dass die Kinder mich auch Rumpelstilzchen nannten. Der Lehrer schrieb einen Brief an meinen Vater, den Brief musste ich selbst überbringen. Nachdem mein Vater die Zeilen gelesen hatte, bestand auch er darauf, dass ich spielen sollte. Ich blieb stur und schwänzte die Proben. Natürlich gab es Ärger und vom Vater Schläge. Der Bruder meines Vaters war auf Besuch und sagte: "Kannst du den Jungen nicht verstehen? Die anderen Kinder werden ihn Rumpelstilzchen nennen. Der Junge muss sich schon mit seiner geringen Größe abfinden und will nicht auch noch genarrt werden." Man sah es dann ein und ich musste nicht den Kobold spielen. Aber bei Hänsel und Gretel wirkte ich gerne mit. Unsere Vorstellung gefiel den Leuten, wir haben es sogar zweimal aufgeführt. Die Gräfin Scheel-Plessen war entzückt, sie gab mir fünf Mark und sagte: „Lütt Wulf, du warst gut."

Im April 1942 kam meine Schwester Erika auf die Welt. Irmgard meinte: Eigentlich brauchen wir keine Geschwister mehr, wir haben nur Arbeit damit, und das stimmte. Die Windeln hingen überall, jeden Tag wurde gewaschen und in der Nacht quakte das Baby. Erika war ein süßes Kind und Vaters Liebling. Er trug sie bei jeder Gelegenheit auf dem Arm. Doch wir mussten uns das Plärren anhören, wenn das Kind zurück in den Wagen gelegt wurde. Es wollte ja auf dem Arm getragen werden. So spielten wir, die Irmgard und ich, abwechselnd den Aufpasser. Unser Bruder Heinrich, erst fünf Jahre alt, blieb dickköpfig.

Etwas ganz anderes geschah noch im Jahr 1942. Die Engländer bombardierten Lübeck. Nun nannte man den dicken Göring „Meier", er hatte ja gesagt, wenn ein feindliches Flugzeug über Deutschland fliegt, will er Meier heißen. Frankreich war besiegt und mein Vater erhielt acht französische Gefangene als Hilfskräfte, Männer im Alter zwischen 25 und 30 Jahren. Alle konnten Deutsch, ein Mann war Lehrer. Ein älterer deutscher Wachmann brachte die Franzosen zu ihren Arbeitsstellen: einen Wassergraben vertiefen, Gras mähen und Torf stechen. Sie hatten mit ihren Familien Briefkontakt und bekamen vom Roten Kreuz aus Frankreich Pakete. Auch Kaffee und Schokolade, davon gab es hier nicht mehr viel. In den Städten lebte man schon mit Marken und Bezugscheinen. Doch wir auf dem Lande hatten noch reichlich Lebensmittel. Im Herbst wurden alle Franzosen weggeholt, wohin, bekamen wir nicht zu wissen. Es waren kaum noch Männer im Dorf, nur die alten Rentner. Zur Erntezeit wurde es knapp an Leuten, und alle Frauen mussten wieder mit ran.

Es zogen immer mehr Flugzeuge ihre Kondensstreifen am Himmel, und so mancher Luftkampf entwickelte sich über unseren Köpfen. Ich sah, wie ein Bomber abgeschossen wurde, in die Ostsee stürzte und explodierte. Vier Männer sprangen vorher mit Fallschirmen ab und wurden gefangen genommen. Unser Dorf blieb zum Glück von den Bomben verschont.

Durch meine Angelei lernte ich Frau und Herrn Köhler kennen. Das Ehepaar machte Urlaub bei Nachbar Markmann. Die Köhlers wohnten in Kiel, er war Kapitänleutnant und Lehrer für Matrosen. Ich zeigte den beiden gute Angelstellen, und so entstand eine Freundschaft zwischen uns. In den Sommerferien holten sie mich nach Kiel, wo ich drei Wochen bei ihnen bleiben durfte. Sie zeigten mir die Stadt, kauften mir Kleidung und Schuhe. Herr Köhler zeigte mir den Hafen und die großen

Kriegsschiffe. Für mich war alles ein Erlebnis, und die Köhlers freuten sich, mir allerlei schenken zu dürfen. Sie hatten keine Kinder, was sie sehr bedauerten.

Ich war nun zwölf Jahre alt und sollte in die Deutsche Jugend eintreten, so sagte die Benachrichtigung. Also fuhr ich mit der Bahn nach Lensahn zur Musterung. Dort fragte man mich wegen meiner Körpergröße wo ich die Papiere gestohlen hätte. Aber dann wurden die Herren wohlwollender und schickten mich nach Hause, ich sollte im nächsten Jahr wiederkommen.

Marine Soldaten aus dem U-Boot Hafen Neustadt mussten mithelfen, die Ernte einzubringen. Die jungen Männer waren mit Begeisterung dabei, es gab besseres Essen als das aus der Kantine. Meine Schwester sagte mir, dass die Mama wieder schwanger ist, ich konnte es nicht fassen. Zum Weihnachtsfest bekamen wir Baby-Sachen von der Gemeindeschwester. Uns wurden Bezugsscheine ausgestellt, und Mutter sollte das „Mutterkreuz" bekommen, denn es wurde das fünfte Kind in unserer Familie geboren. Sie hielt aber nichts von solchen Auszeichnungen und noch weniger von der Partei. Für den Weihnachtsbaum gab es Schokoladenbehang und extra Marken für Zucker. Die Glücksklee Meierei, an die wir die Milch unserer Kühe lieferten, schickte einen Bon für Magermilch. Der Herr Pastor gab eine Flasche Korn.

Weihnachten wurde traurig, in der Kirche rief der Pastor die Namen der gefallenen Männer auf, aus der ganzen Gemeinde waren es 36 Väter und Söhne. In seiner Rede log der Pastor von der Kanzel, dass sich die Balken bogen und der Messwein sauer wurde. Silvester gab es kein Feuerwerk, es war die totale Verdunkelung aller Häuser und Stallungen angeordnet worden.

Mutters Bauch war nun anzusehen, dass darin etwas heranwuchs. Im Dorf wurde getuschelt, die Dora bekommt schon wieder ein Kind. Uns Kinder konnte man die Geschichte vom Storch nicht mehr auftischen, sahen wir doch täglich, wie die Tiere ihre Jungen zeugten, wir mussten sogar die Kuh halten, wenn der Bulle sie besprang. Wir Geschwister nahmen die Vergrößerung der Familie nun gelassener hin, es kam mehr Arbeit auf uns zu, aber auch die wurde mit erledigt. Im Juli 1943 kam unsere Schwester Anke auf die Welt. Ein liebes Kind mit Stubsnase. Jetzt waren wir fünf Geschwister, überall hingen Windeln und Wäschestücke, und das Kreischen der zwei kleinen Mädels brachte uns um manchen Schlaf. Mit meinem sechsjährigen Bruder musste ich im oberen Bett schlafen, die Schwester Irmgard mit der einjährigen Erika im unteren Bett. Die kleine Anke lag zwischen Vater und Mutter im Ehebett. So ruhte nun die Familie Wulf.

In der letzten Woche vor den Ferien kamen der Ortsgruppenleiter und die Gemeindeschwester in unsere Schule, beide in Uniform. Der Ortsgruppenleiter sprach leise mit dem Lehrer, der zeigte auf mich und sagte: "Walter, komm bitte mal her." Die Gemeindeschwester sagte dann zu mir: "Wir sind gekommen, um dich in ein Krankenhaus nach Kiel zu bringen, nur zu einer kurzen Untersuchung." Da ich sie kannte, kamen mir keine Bedenken. Vor der Schule stand ein Sanitätsauto, Fahrer und Beifahrer in Rot-Kreuz-Uniform. Der Ortsgruppenleiter setzte mich in das Auto, und ohne Abschied von meinen Eltern begann die Fahrt nach Kiel.

Die Sanitäter sprachen kein Wort, mir erschien die Fahrt endlos. Als wir in die Straßen von Kiel einfuhren, sah ich zerstörte Häuser, und es roch nach verbranntem Holz. Ich fragte, ob das Haus wohin man mich bringt noch heil wäre, aber darauf bekam ich keine Antwort. Vor einem großen Schiebetor hielt der Wagen an und der Beifahrer stieg aus. Er redete mit einem Wachmann und zeigte ihm Papiere. Dann öffnete sich das Tor und wir fuhren auf einen Hof, der von drei Häusern umbaut war. Links konnte ich Garagen erkennen, darüber Wohnungen. Das Fronthaus hatte hohe Fenster mit Rundbögen. Das rechte Gebäude war die Zentrale und Aufnahmestelle, eine breite Treppe führte hinein. Der Beifahrer zog mich aus dem Auto und die Treppe hinauf in das Gebäude. Er übergab mich und die Papiere an eine Krankenschwester, die mich weiter in die erste Etage brachte. Sie zeigte mir ein Zimmer mit vier Betten. Stühle oder Tische gab es nicht. Drei Jungen in meinem Alter saßen auf dem Fußboden. Sie betrachteten mich genauso neugierig wie ich sie.

Eine andere Schwester brachte mich dann in die Waschräume, die im Parterre waren. Sie zog mich aus, stellte mich unter die Dusche und seifte mich ab, aber so grob, dass ich mich beschwerte. Als Antwort bekam ich Schläge mit der flachen Hand und wurde ruppig abgetrocknet. Sie zog mir eine kurze blaue Hose und ein weißes Nachthemd an, das bis an die Knöchel reichte. Die Pantoffel waren mir zu groß und ich sagte, dass sie nicht passen würden. Als Antwort hörte ich: „Wenn ich dir die Latschen ein paar Mal durchs Gesicht geklatscht habe, werden die schon passen." Mit einem schmerzenden Griff am Arm zog sie mich auf den Flur. Einige Zimmer weiter wurde ich kurz von einem Arzt untersucht, danach brachte die Schwester mich zurück in das Krankenzimmer im ersten Stock.

Alle drei Zimmergenossen waren aus Schleswig-Holstein. Ein stämmiger Junge, sein Name war Wrede, von der Insel Fehmarn. Er hatte einen Kopf wie ein Kürbis. Der zweite, sein Name war Beetke, kam aus Mölln. Er sah unterernährt aus, Arme und Beine waren sehr dünn und seine Füße verkrüppelt. Der dritte kam aus Kiel, sein Name war Wedemann. Er hustete ständig, und Speichel floss aus seinen Mundwinkeln. Seine Eltern besuchten ihn einige Male, beide trugen die Uniform der Partei.

In der Tür unseres Zimmers waren Milchglas-Fenster, dadurch konnte man niemanden auf dem Flur erkennen. Ich bemerkte, dass die Türen nur an der Außenseite Drücker hatten. Von innen wurden sie mit einem Vierkantschlüssel geöffnet. Wir durften nur leise reden, zum Spielen gab es Mensch Ärgere Dich Nicht und Halma. Richtig kennengelernt haben wir uns nicht. Meistens saßen wir schweigend auf dem Fußboden, mit dem Rücken ans Bett gelehnt. Wenn einer von uns zur Toilette musste, klopfte er an die Tür bis eine Schwester kam. Dorthin wurden wir geführt, entweder hielt uns die Schwester am Arm oder am Hemdkragen. Hatte die Krankenschwestern schlechte Laune, griffen sie ins Haar oder ans Ohr.

In der Früh um 6 Uhr wurden wir geweckt und ins Bad zum Waschen gebracht. Zum Frühstück führte man uns in den Speisesaal. Die Tische waren gedeckt mit Brot, Margarine, Marmelade und Tee. An den Tischen sah ich auch ältere Kinder und Jugendliche, aber keine Mädchen. Miteinander reden durften wir nicht. Mittags und zum Abendbrot wiederholte sich alles. Wir trugen die langen Nachthemden, aßen und schwiegen.

In der zweiten Woche beförderte man mich nach dem Frühstück in ein kleines Zimmer. Dort stand ein hoher Kinderstuhl und auf einem Bord an der Wand ein Miniatur-Karussell. Der Arzt, im weißen Kittel, hob mich in den Stuhl, genau vor das Karussell, das sich nun drehte. Der Arzt sagte zu mir: „Schau immer auf das Karussell." Was dann mit mir geschah, weiß ich nicht. Ich erwachte in meinem Bett, mir war eiskalt, und ich hatte am Körper rote und blaue Kreidestreifen. Etwas später brachte die Schwester mich in ein Büro. Ein Mann befragte mich nach meiner ganzen

Familie, und eine Frau schrieb alles auf. Ob ich Verwandte hätte, die auch kleinwüchsig wären, welche Krankheiten die Familie hatte und wie die Eltern über Hitler und die Partei dachten.

Einige Tage später, als die Schwester nicht aufpasste, schaute ich aus einem Fenster am Ende des Flurs auf den Hof. Ich sah Kaninchen, Meerschweinchen und Katzen, in Käfigen an der Hauswand. Als ich die Schwester fragte, ob ich die Tiere mal anschauen dürfte, bekam ich von ihr eine Ohrfeige, weil ich aus dem Fenster geschaut hatte, das war verboten. Im Zimmer angekommen, sah ich die Eltern von Wedemann, wieder in Uniform. Sie waren gekommen, um ihren Sohn abzuholen. Ich fragte die Schwester, wann denn meine Eltern mich holen würden, bekam darauf aber keine Antwort und wurde vorbei an Wedemanns Eltern in das Zimmer geschoben.

Die Untersuchungen wiederholten sich in den nächsten Wochen, und mir ging es immer schlechter. Eine Bedeutung der Kreidestreifen konnte ich nicht finden, und Fragen wurden im Allgemeinen mit einer Ohrfeige beantwortet. Die Schwestern fanden immer einen Grund uns zu quälen. Mit Nackenschlägen, Haarereißen, Oberarmkneifen oder Ohrläppchenumdrehen. Oft waren meine Ohrläppchen eingerissen und bluteten und jeden Tag zermürbte uns die Langeweile. Ich habe viel an Zuhause gedacht, doch nicht geweint, nur der Hass auf die Schwestern wurde immer stärker.

Was dann geschah, habe ich erst später erfahren und einen Teil erst nach Kriegsende. Herr und Frau Köhler machten in Altenkrempe wieder Urlaub und vermissten mich. Die Eltern, der Lehrer, der Pastor und alle anderen waren zum Schweigen verpflichtet. Die Köhlers erhielten keine Antwort auf ihre Fragen. Die Köhlers bekamen Besuch von einem Freund aus Kiel. Herr Jordan war ein hohes Parteimitglied der NSDAP, man sprach über mein Verschwinden und dass niemand darüber reden wollte. Herr Jordan ging zum Ortsgruppenleiter im Dorf und der erzählte ihm dann, wo ich war.

Eines Morgens hörte ich Lärm auf dem Flur vor unserem Krankenzimmer. Ich stand im Bett und wollte in den Flur schauen, doch durch die Milchglasscheibe waren nur Schatten zu erkennen. Eine Schwester öffnete die Tür, kam zu mir und meinte: „Du kommst nach Hause." Zwei Marinesoldaten standen in der Tür. Der eine fragte:

„Bist du Walter Wulf?" Als ich bejahte, wickelte mich der andere Soldat in eine Decke und trug mich raus zu einem Wehrmachtswagen. Auf dem Hof bestürmten uns zwei Ärzte: „Sie dürfen den Kleinen nicht mitnehmen, er ist zu einer Untersuchung hier." Mich hatte man in das Auto gesetzt, ich zitterte am ganzen Körper und hörte nur die Worte: „Gehen Sie beiseite oder ich fahre Sie um!" Im langen Nachthemd und eingewickelt in einer Soldatendecke, fuhr man mich zurück in mein Dorf.

Meine Schwester Irmgard sah mich und rief laut: "Walle ist wieder da!" Die Soldaten brachten mich in die Küche, wo ich von meinen Eltern, die vor Freude weinten, umarmt wurde. Mein Vater hatte viele Fragen an die Soldaten, sie rieten uns aber ruhig zu bleiben und keine Fragen zu stellen. Mittags kam der Ortsgruppenleiter und drohte uns, wir durften mit niemanden darüber reden. Solange Krieg war, haben wir geschwiegen. Als wieder Frieden war, wollte keiner was hören. Ich erfuhr später, dass Herr Jordan die zwei Soldaten beauftragt hatte, mich aus dem Krankenhaus zu holen. Den Herrn Jordan habe ich leider nie persönlich kennengelernt, durch Köhlers ließ er mir noch eine Bambus-Angelrute schenken. Er verunglückte später tödlich auf der Kieler Förde, ein landendes Flugboot hatte ihn beim Bootsangeln überfahren.

Der Herbst im Kriegsjahr 1943 brachte uns Kindern reichlich Arbeit und wenig Schulstunden. Wir mussten auf den Feldern arbeiten, Kühe melken und das Vieh versorgen. Beim Mähen des Korns wurden die Garben aufgesetzt, damit das Korn trocknet. Ein paar Tage später, bei gutem Wetter, wurde das Korn eingefahren oder auf dem Feld gedroschen. Der Lanz-Bulldog Traktor trieb Dreschmaschine und Strohpresse an, alles andere musste per Hand verarbeitet werden.

Im Dorf feierte keiner mehr. Bei den Bauern wurde das Vieh gezählt, von der Kuh bis zum letzten Huhn. Es mussten auch Schweine abgegeben werden. Das Korn wurde abgeholt und die neue Saat wurde zugeteilt. Die Bauern wurden angewiesen, welches Korn sie sähen sollten. Die Rationen auf Marken wurden kleiner. Zucker gab es nicht mehr. Von Schokolade und Marzipan konnte man nur träumen, Bananen und Apfelsinen kannten wir Kinder nicht.

Wir hörten, dass in Russland der Vormarsch zum Stillstand gekommen war. Auch in Afrika sah es für Deutschland nicht gut aus. Goebbels schrie im Radio seine Durchhalteparolen, der Endsieg stehe bevor. In der Zeitung waren ganze Seiten mit

Todesmeldungen bedruckt. Der Winter von 1943 auf 1944 war hart und es lag viel Schnee. Das Binnenwasser war zugefroren und wir fuhren Schlittschuh auf dem Eis. Die Schulstunden fielen aus, weil es kein Holz und keine Briketts zum Heizen des großen Schulraumes mehr gab. Das Weihnachtsfest war wieder eine traurige Angelegenheit: Es waren noch mehr Väter und Söhne gefallen. An beiden Weihnachtstagen war die Basilika in Altenkrempe überfüllt. Ich empfand beim Läuten der Glocken, dass die Töne dunkel und traurig klangen. Es war auch das Abschiedsgeläut für meinen Vater, er musste wieder zu den Soldaten. Die Weihnachtstanne hatte Vater im Wald erbeutet, und die Kekse hatte Mutter gebacken. Frau Mund, die einen Krämerladen in Neustadt besaß, hatte meiner Mutter im Tausch für Speck und Milch etwas Zucker gegeben.

Der Abschied vom Vater im Januar 1944 konnte noch einmal verzögert werden: Ein Mann mit fünf Kindern sollte nicht Soldat werden, das hatte Graf De la Motte am Wehramt vorgebracht. So konnte unser Vater mit seiner alten ausgeleierten Pumpe das Schmelz-Hochwasser von den Wiesen pumpen. Tag und Nacht, in den Monaten März und April saugte die Pumpe das viele Wasser an und drückte es in die Ostsee. Im Mai war das Hochwasser von den Wiesen und die ersten „Starken" oder Jungkühe konnten sie betreten.

Ich angelte in der Zeit viele Karpfen, die zwischen zwei und vier Pfund wogen. Ich hörte, dass beim Hochwasser der Teich vom Müller übergelaufen war und dass die Karpfen nun im Pumpengraben schwammen. In der Kremper Au und im Binnenwasser waren auch plötzlich Karpfen, große bis zu zwölf Pfund. Diese waren aus dem Schlossteich vom Grafen in Sierhagen entkommen. Ich verkaufte die Karpfen an Nachbarn, denn auch Fische waren Mangelware. Der Großonkel unserer Mutter, August Lange, war Fischer in Neustadt. Er brachte uns Dorsche, Butt oder Heringe und bekam dafür Eier und Speck. Es begann der Schwarzhandel, der bis nach dem Krieg nicht aufhörte. Er wurde hart bestraft, Zuchthaus gab es für den, der erwischt wurde.

Überall wurden plötzlich Kaninchen gezüchtet. Ein Kaninchenbraten war etwas Wunderbares, und so begann ich mit „Blauen-Wienern" meine Kaninchenzucht in der Pastorenscheune. Eine große Kiste hatte ich gebaut, als Vorderseite eine Holzklappe mit Draht. Die Häsin bekam Junge, sechs Stück, mein Gott war das herrlich! Nun arbeitete ich gern im Stall, dann konnte ich meine Kaninchen sehen. Ich fütterte sie, und die kleinen Viecher gediehen prächtig, ich war glücklich.

Als ich eines Morgens in den Stall kam, waren die Kühe sehr unruhig. Ich schaute in die Ecke wo die Kaninchenkiste stand. Da sah ich auf der Kiste einen Kater. Neben der Tür stand die Vierzinkenforke, ich nahm sie und ich hielt sie vor mich. Ich sah, dass der Draht von der Klappe herabhing, als ich genauer hinschauen wollte und in die Nähe der Kiste kam, sprang der Kater mich an. Ich riss die Forke höher und zwei Zinken drangen in seinen Leib. Er kam wieder frei und sprang durch das Fenster auf den Misthaufen, dann verschwand er. Der Kater hatte alle Hasen getötet. Ich brach in Tränen aus und begrub die Häsin mit ihren Jungen. Den Kaninchenstall riss ich ab und gab die Kaninchenzucht auf. Den Kater fand ich Tage später tot auf dem Heuboden.

Vater wurde jetzt doch eingezogen. Der Graf konnte auch nicht mehr helfen. Es war nun ein totaler Kriegseinsatz, jeder Mann wurde gebraucht. Wir hörten monatelang kein Lebenszeichen von ihm. Nun musste Mutter die viele Arbeit tragen. Dabei wurde sie immer runder. Im Dezember gestand sie uns, dass sie ein Kind erwartete. Ich blieb im Stall bei den Kühen und übernahm die Pumpenstation, Irmgard half im Haus und auf dem Feld. Zum Glück war kein Hochwasser und ich konnte ein paar Stunden die Schule besuchen.

Zu Schulbeginn im Januar 1945 hatte es begonnen zu schneien. Unser Lehrer kam nicht, und wir baten den Wirt vom Krug bei Familie Naß in Neustadt anzurufen. Seine Frau sagte, ihr Mann wäre wie üblich mit dem Fahrrad weggefahren. Wir Jungs nahmen ein Schlitten und machten uns auf, dem Lehrer entgegenzugehen. Wir fanden Herrn Naß im Straßengraben, auf ihm lagen sein Fahrrad und darauf eine Schneewehe. Es war ein Wunder, dass der Mann gefunden wurde. Auf dem Schlitten brachten wir ihn in die Gaststätte zum Aufwärmen. Am nächsten Tag telefonierte Frau Naß mit dem Gastwirt, der kam in die Schule und sagte uns Kindern, dass der Lehrer krank wäre und der Unterricht ausfällt. An meinem Geburtstag 1945 starb Lehrer Naß an einer Lungenentzündung.

Fast zwei Monate dauerte es, bis ein neuer Lehrer gefunden wurde. Im März kam ein älterer Herr mit Pferd und Wagen. Gekleidet mit einem Jäger-Anzug, Hut und

Mantel, alles in Grün. Pferd und Kutsche wurden in der Remise vom „Kremper Krug" untergestellt. Der Mann stellte sich als Herr Bock vor, Jäger und Großbauer aus Beschendorf. Er sagte gleich zu uns, ob wir etwas lernen wollten oder nicht, das läge ganz an uns. Ihm sei es völlig egal, was später aus uns wird. Wir sollten ruhig sein und die Schulaufgaben erledigen, dann würden wir gut mit ihm auskommen. Mich nannte er Knirps. Ich sagte zu ihm, dass ich Walter heiße und auch so genannt werden wollte. Er wollte wohl etwas entgegnen, unterließ es dann aber. Dieser Mann brachte uns zum Lernen und bestrafte uns ohne Schläge. Zur Strafe stellte er uns in die Ecke. In der Ecke zu stehen war eine Blamage für jeden.

Im März 1945 wurde Renate geboren. Die Hebamme war am Streiten, da ihr das Stück Speck zu klein war, das sie als Bezahlung haben wollte. Ich sagte: „Dann lassen Sie sich für diese Entbindung von der Gemeinde bezahlen" und habe den Speck behalten. Die Gemeindeschwester kam. Sie musste die Geburtsurkunde und andere Papiere ausstellen. Ich sagte zu ihr, dass wir nun sechs Kinder wären und der Vater müsste aus dem Krieg heimgeholt werden, auch hatten wir immer noch kein Lebenszeichen von ihm. Sie konnte darauf keine Antwort geben.

Auf Gut Hasselburg waren russische Gefangene als Arbeiter. Am Bahnhof beluden sie Waggons mit Rüben, die mit Fuhrwerken gebracht wurden. Die unterernährten Männer mussten die gefrorenen Rüben mit bloßen Händen in die Waggons werfen. Der deutsche Aufpasser stand mit dem Gewehr nicht weit entfernt und bemerkte, wie ein Russe versuchte in eine Rübe zu beißen. Der Schlag mit dem Gewehr warf den Mann samt Rübe auf die Gleise. Wir Schulkinder waren erschrocken. Der Bahnhofs-Vorsteher Herr Röhr ging zu dem Russen und half ihm beim Aufstehen. Nun bedrohte der Wachmann den Röhr, auch auf uns richtete er sein Gewehr und rief, wir sollen verschwinden. Herr Röhr beruhigte den Wachmann und redete mit ihm.

Am nächsten Tag mussten wir bei der Polizei aussagen, was auf dem Bahnhof vorgefallen war. Wir wurden danach heimgeschickt. Ich erfuhr dann, dass der Röhr verhaftet war. Er hatte seiner Frau Rüben gegeben, die sie für die Gefangenen kochte. Der alte Röhr kam einige Tage später wieder. Sein Gesicht war geschwollen, die Nase schief und die Augen blau umrandet. Außerdem Humpelte er.

Im April 1945 wurde der Flüchtlingsstrom stärker, und auch viele Soldaten kamen und mussten in Scheunen und Ställen unterkommen. Zum Glück war das Wetter im Frühling sehr warm. Eines Nachts hörten wir tiefes Motorengebrumm und Kettenrasseln. Dann war plötzlich Stille, am Fenster unserer Wohnung wurde geklopft und eine gedämpfte Stimme rief: „ Dora, bitte mach auf, hier ist dein Bruder Hans!" Mutter, meine Schwester und ich, wir standen auf und öffneten die Tür. Mein Onkel Hans und einige Offiziere wollten etwas zu Essen. Ich ging nach draußen und sah, dass vier große Tiger-Panzer unter den Linden standen und die Soldaten bei den Nachbarn um Essen und Trinken baten. Mutter wurde böse und sagte zu ihrem Bruder: „ Ihr steht mit diesen Panzern im Dorf, sollen die Engländer uns deswegen bombardieren?" Nun, es war alles dunkel und nachdem alle Soldaten satt waren und sich Wasser mitgenommen hatten, fuhren die Panzer aus dem Dorf. Tage später hörten wir, dass in den Wäldern Panzer abgestellt wären, doch Soldaten wären nicht mehr dabei.

Der Krieg war in die Endphase gekommen, die Städte waren zerbombt, die Amerikaner standen am Rhein, die Russen an der Oder. Mit Pferd und Wagen kamen die Flüchtlinge aus dem Osten und wurden überall in den umliegenden Dörfern aufgenommen. Englische Flugzeuge hatten in der Neustädter Bucht drei Schiffe versenkt, die Thielbek, die Deutschland und die große Cap Arcona. Auf den Schiffen waren Häftlinge aller Nationen. Tausende ertranken, Hunderte wurden erschossen, als sie das Land schwimmend erreichten, es gab nur wenig Überlebende. Am Ostseestrand, in Pelzerhaken und Haffkrug, stehen Mahnmale an den Ehrenfriedhöfen.

Anfang Mai näherten sich von Neustadt kommend wieder Panzer und andere Kettenfahrzeuge, auf denen Soldaten saßen. Die Panzer fuhren in unser Dorf und blieben am Anfang, in der Mitte und am Ausgang stehen. Auf jeden Hof fuhren Kettenfahrzeuge. Die Soldaten sprangen runter, durchsuchten Häuser und Scheunen und fragten im gebrochenen Deutsch: „Wo sind die Soldaten?" Der Mann, der in unsere Wohnung kam, war sehr groß und sagte zu Mutter: „ Alles deine Kinder? Wo ist Mann?" Mutter antwortete: „ Mann ist im Krieg." Dann meinte er: „ Hast du Brot oder Essen?" Zeigte auf mich und sagte: „ Du Brot an Panzer." Ich brachte zwei Brote und eine halbe Wurst zu dem Fahrzeug. Er gab mir einen Karton mit Schokolade. Am Kettenfahrzeug konnte ich lesen: New Zealand. Es waren Neuseeländer Soldaten mit englischen Offizieren. Ich begriff, warum sie nur Schokolade zum Essen hatten. Die waren so weit voraus, dass die Verpflegung zurückblieb. Alle Soldaten benahmen sich anständig. Wer etwas brachte, bekam Schokolade dafür. Frauen oder junge Mädchen wurden nicht angefasst oder sogar vergewaltigt, so etwas ist nicht geschehen, wie man uns fürchten ließ. Später fuhren die Soldaten weiter ins nächste Dorf, um es friedlich zu erobern.

Ein Zug wurde kurz vor dem Bahnhof Hasselburg von Flugzeugen angegriffen. Sie flogen tief und waren schwarzweiß gestreift angemalt. Die Lok wurde getroffen und zerstört. In den Waggons waren Lebensmittel für den Panzer-Übungsplatz Putlos sowie den Flugplatz Heiligenhafen. Nachts wurde der Zug von Fremdarbeitern aufgebrochen und geleert. Wir trauten uns erst am nächsten Tag hin und fanden zwei tote Männer, den Heizer verbrüht und den Lockführer verblutet, er hatte beide Beine verloren.

Schon in den Sommermonaten 1941 waren in Hasselburg auf dem Fußballplatz zwei große Holzhallen gebaut worden. Da Hasselburg einen Bahnhof und Abstellgleise hatte, wurde oft Material in Waggons dorthin gefahren und dann in die 50 Meter entfernt stehenden Hallen gebracht. Das immer nachts und unter Bewachung. Einige Marinesoldaten waren tagsüber als Wache dort. In der Nacht waren nur zwei ältere Soldaten anwesend. Was in den Hallen genau lagerte, konnte ich von den Soldaten nicht erfahren, Material für U-Boote hieß es. In den Kriegsjahren waren die Hallen für die Bevölkerung tabu, doch sie wurden in den letzten Maitagen 1945 von polnischen Zwangsarbeitern aufgebrochen. Im gleichen Moment begann eine Flut von Menschen mit Pferd und Wagen, mit Schubkarren oder Fahrrad, den Halleninhalt zu plündern. Meine Schwester und ich waren mit dem großen Handziehwagen unterwegs. Als wir in die Hallen eindrangen, wussten wir nicht, was wir zuerst nehmen sollten. Es gab dort Lampen, Radios, Bettwäsche, Lederkleidung, Stiefel, Rollen mit Leinen und vieles mehr. Wir stapelten zwei Rollen weißes Leinen, Leder- und Regenmäntel, ein Radio und reichlich Waschmittel auf unsere Karre. Dann fand ich noch ein Paket, worin ein Schlauchboot war, das musste mit, und alles wurde unter zwei Wolldecken verborgen. Zu Hause brachten wir unsere Beute erst mal auf den Dachboden.

Nach dem Mittag gingen wir noch einmal zu den Hallen in Hasselburg um unseren Karren zu füllen. Was ich aber jetzt dort sah, war das Chaos. Kinder warfen mit Glühbirnen, Farbdosen und Bettwäsche umher. Vieles wurde zerstört, und einige versuchten sogar Feuer zu legen. Eine Woche nach der Plünderung klebten Plakate an den Hallenwänden. Ein Aufruf der Engländer: "Wer das Gestohlene zurückgibt, wird weder bestraft noch verfolgt. Und es werden Hausdurchsuchungen angeordnet." Nun machte sich Furcht unter den Dörflern breit, doch niemand gab ein gestohlenes Stück zurück. Mutter sagte, wir sollen alles unter einem Holzstapel auf dem Dachboden verstecken. Dieselbe Idee hatten auch die Nachbarn, doch zum Glück kam es zu keiner Durchsuchung. Nach einigen ruhigen Wochen packte ich das Schlauchboot aus. Beim Bauern, der einen Kompressor hatte, blies ich es auf. Mit meiner Schwester und einem Helfer ließ ich das Boot am Pumpenhaus zu Wasser. Nun konnte ich vom Boot aus im Binnenwasser angeln. Doch die Freude hielt nicht lange. Einige Monate später brachte ich das Boot durch die Schleuse in die Kremper Au, die an den Gärten endlangfloss. Eines Morgens fand ich es zerstochen und zerschnitten am Ufer. Ein neidischer Angler hatte das getan, das war mir klar. Aus den Leinenballen hatte Mutter für die Mädels Sommerkleider schneidern lassen und ein Sonnensegel. Darunter saßen dann die Frauen und bequatschten das Neueste aus dem Dorf oder stritten sich über Kleinigkeiten.

Deutschland hatte den Krieg verloren und war nun besetzt. Die gefangenen Soldaten wurden interniert. Viele flüchteten, wollten nach Hause, aber alle Straßen waren gesperrt und die Engländer fingen etliche Männer wieder ein. In Altenkrampe waren auch Musiker der Wehrmacht gefangen, ca. 40 Mann, sie waren in den Scheunen verteilt, ihre Instrumente lagerten in der Kirche. Die KZ-Häftlinge, die lebend von den Schiffen entkamen, durften in Neustadt die Geschäfte plündern. Das war nicht genug, auf den Wiesen wurden Kühe, Kälber und Schafe abgeschlachtet.

Beim Grafen Scheel-Plessen wurden die englischen Offiziere zum Essen eingeladen und der Graf brachte dieses Abschlachten der Tiere zur Sprache. Danach patrouillierten Soldaten durch Wiesen und Felder und manchen Mann, der beim Schlachten eines Tieres erwischt wurde, sperrte man ein. Eine Welle von Viehdiebereien durchlief alle Dörfer. Hühner, Gänse und Schweine wurden gestohlen. Man vergriff sich sogar an den Hühnern vom Pastor, an der Stalltür stand zu lesen: „Der Herrgott ist überall, nur nicht beim Pastor im Hühnerstall." Uns war nicht zum Lachen. Wir behielten unsere beiden Milchkühe im Auge, das Jungvieh hatte der Viehhändler abgeholt. Ich hatte nun weniger Arbeit. Auch die Pumpe wurde von einem älteren Mann bedient.

Ich war kräftiger geworden, aber nicht größer. Mit sechs Jahren war ich einen Meter groß und mit 15 Jahren auch noch. Für mich war es kein Problem und für meine Schulkumpels auch nicht. Ich angelte in jeder freien Minute Fische für uns und zum Verkauf. Die Leute waren glücklich, wenn ich mit Fischen kam. Für den Lehrer „Vadder Bock" fing ich Karauschen und drehte ihm diese als junge Karpfen an. Er hat die Karauschen dann in seinem Teich ausgesetzt und würde sich wundern, dass die nicht wachsen.

Beim Angeln freundete ich mich mit einem Mann aus Lettland an, er hieß Johann und war Soldat auf deutscher Seite. Er hatte die Tochter vom Straßenwart-Handwerker geheiratet und wohnte mit ihr in einem ausgebauten Eisenbahnwaggon. Der Mann hatte alles und kannte alles. Im August und September 1945 hatten viele Kinder Diphtherie. Meine Schwester Irmgard steckte sich an, aber Medikamente waren nicht zu bekommen. So verhandelte ich mit Johann dem Letten, ich sagte: „Bitte besorg mir zwei Ampullen Penicillin, meine Schwester ist sehr krank. Ich gebe dir dafür große Karpfen." Er war einverstanden.

Der Arzt kam und spritzte meiner Schwester das Penicillin, doch ich verplapperte mich, dass ich noch eine Ampulle hätte, die ich meiner Schulfreundin Hertha Ruttig geben wollte, die auch krank war. Der Arzt redete auf mich ein und nahm die zweite Ampulle. Meine Schwester wurde gesund, die Hertha starb qualvoll. Auch ich wurde noch im September krank und bekam Scharlach. Ich erholte mich aber schnell.

Die gefangenen Soldaten halfen mit bei der Ernte und wachten über das Vieh. Die Musiker spielten Sonntagsabend und die Leute tanzten im Krug oder auf dem Hofplatz. Es fanden sich zwei Menschen, die zusammenblieben und eine Familie gründeten. Ob Einheimische, Flüchtling oder Soldat, die Liebe brachte sie zusammen. Bei allem Freud und Leid, wir wussten nicht, ob der Vater noch lebte. Zum Nachdenken war kaum Zeit. Mutter hatte trotz der sechs Kinder auf den Dämmen das Gras gemäht, denn wir mussten ja Heu für unsere Kühe haben. Zum Winter brauchten wir auch Rüben und Stroh. Einer half dem Anderen und die Nachbarn brachten was fehlte.

An einem Morgen hielt ein Pferdegespann vor der Schultür. Ein älterer Mann kam in die Klasse und flüstert mit dem Lehrer, der schaute erstaunt, schüttelte den Kopf und sagte zu ihm: „Sprich mit dem Pastor". Aber der Mann redete weiter auf unseren Lehrer ein. Herr Bock rief drei Jungen und mich zu sich und wir verließen die Schule. Nun schauten wir in den Wagen, darin lag ein Sarg. Der Bock sagte: „Geht und holt Spaten und Schaufel und kommt damit zum Friedhof." Wir holten alles sowie zwei Stricke und begaben uns auf den Friedhof, etwa 100 Meter außerhalb des Dorfes. In einer Ecke unter einem Baum begannen wir zu graben. Wir versuchten zu erfahren, wer der oder die Tote war. Der Mann blieb stumm und wir gruben weiter. Plötzlich stießen wir auf einen Findling. Der Stein war groß und nun war die Frage: ein neues Loch graben oder den Findling freischaufeln und irgendwie entfernen? Mein Freund, Gerd Ruttig, hatte einen Einfall: „ Ich hole unser Pferd und wir ziehen den Stein raus." Wir schafften es mit vereinten Kräften und zogen den Stein aus dem Loch. Er hätte als Grabstein dienen können. Wir begruben den Sarg, und der fremde Mann verschwand mit einem gemurmelten Danke.

Die Polizei und die englische MP erschienen am nächsten Tag in der Schule. Wir mussten die Stelle zeigen, wo wir den Sarg begraben hatten. Männer gruben den Sarg aus und öffneten ihn. Es lag darin eine junge Frau mit einem kleinen Kind. Nun begann die Suche nach dem älteren Mann. Lehrer Bock wurde verhört und wir mussten alles beschreiben, auch den Wagen und die Pferde. Ich erfuhr später, dass die Engländer den Mann fanden, er hatte den Auftrag, die Leichen verschwinden zu lassen. Ein Vater hatte, zusammen mit seinem Sohn, die Frau immer wieder missbraucht. Als das Kind geboren wurde, bekamen sie Angst und ermordeten Frau und Kind. Vater und Sohn wurden von den Engländern hingerichtet und liegen nun mit auf dem Friedhof.

Alle Geisteskranken aus der Anstalt in Neustadt waren verschwunden und kamen nicht mehr als Erntehelfer. Ich war gut Freund mit dem Letten Johann geworden und eines Tages, Johann schärfte gerade meine Schlittschuhe, traf ich dort einen Mann, Johanns Freund aus Litauen. Er war von der Cap Arcona lebend heruntergekommen. Er erzählte mir, dass die deutschen auch ihn als Soldaten haben wollten. Da er sich weigerte, kam er nach Neuengamme bei Hamburg, in das dortige K.Z. Er erzählte, dass er dort auf Insassen aus der Neustädter Anstalt traf. Viele wurden in Neuengamme umgebracht.

Im Dezember 1945 kam unser Vater nach Hause. Mager und zerlumpt war er, und seine Flucht aus russischer Gefangenschaft hört sich wie ein Roman an. Aber es war die Wirklichkeit. Als einfacher Soldat und ohne Ausbildung kam er gleich in die Kämpfe in Holland. Die Deutschen wollten ihren Rückzug decken und öffneten viele Schleusen. Große Teile des Landes wurden geflutet.

Engländer, Kanadier, Deutsche und auch Holländer ertranken. Vater entkam auf einem Sturmboot der Pioniere. Er erzählte von der Ardennenschlacht, er bediente den schweren Granatwerfer. Von dort kam die Truppe an den Oderbruch gegen die Russen. Auf dem Rückmarsch wurden er und andere Männer in Gadebusch gefangen genommen. Ein russischer Offizier hatte das Kommando. Alle Frauen, Kinder und die deutschen Soldaten mussten die Stadt Gadebusch aufräumen und die Straßen instand setzen. Vater bekam den Befehl, mit einigen Frauen im Wald Tannenbäume abzusägen. Sie brachten sie mit Pferd und Wagen in die Stadt, und die Kommandantur wurde weihnachtlich geschmückt. Von den umliegenden Bauernhöfen mussten Lebensmittel und Tiere abgegeben werden.

In Gadebusch wurden Feldküchen angeheizt und für alle gekocht. Da mein Vater alles recht machte, wurde er gut behandelt, und der Offizier meinte: „ Du Paul bist General, du machst alles gut, ich mach später Papiere für dich, dann kommst du nach Hause." Aber der „Alte" wagte vorher die Flucht. Versteckte sich am Tag in den Wäldern und marschierte bei Nacht in Richtung Ratzeburger See. Vater kam nur langsam voran, er brauchte viele Nächte, bis er in Lübeck ankam. Er schlich sich unter die Leute am Bahnhof und holte sich Essen, was dort an die Flüchtlinge ausgeteilt wurde. Nach vielen Tagen die erste warme Mahlzeit. Mein Vater sah einen Wagen der Glücksklee Meierei. Der Fahrer nahm ihn mit, doch vor Neustadt musste er aussteigen. Über Wiesen und Felder umrundete er Neustadt und kam so nach Hause.

Vater wollte nur schlafen, aber die kleinen Mädchen, Anke, Erika und jetzt auch Renate, schliefen in seinem Bett. Er kam bei der Nachbarin Buhrmann und konnte dort ungestört ausruhen. Vater bekam gleich seine Arbeit an der Pumpstation wieder.

Er war glücklich, dass wir die Kühe behalten hatten, aber am glücklichsten war er über seine Tochter Renate, die er nun zum ersten Mal sah. Er bemühte sich um eine größere Wohnung und wir bekamen eine von der Kirchengemeinde. Die neue Wohnung hatte eine Küche, Wohnstube und zwei Schlafzimmer. Auch eine Spültoilette war im Haus, das war etwas Neues. Ein Flüchtling, der malen und tapezieren konnte, brachte die Wohnung in zwei Tagen zum Glänzen. Ins Schlafzimmer der Eltern kam ein Hochbett für die drei kleinen Schwestern. Im kleinen Schlafzimmer stand das andere Hochbett, ich schlief oben, mein Bruder Heinrich unten und Schwester Irmgard im Bett gegenüber. Die Zimmer hatten Holzfußboden. In der Stube stand ein „Hamburger Ofen", der auch in der Nacht die Glut hielt und alle Räume wärmte. In der Küche stand ein neuer Herd.

Vater schlief nun wieder bei uns. Er arbeitete als Wasserwart, Kirchendiener und Totengräber, war Chef der Feuerwehr und zweiter Vorsitzender im Fußball-Verein, er begann regelmäßig zu trinken, schrie nachts im Bett und weinte dann. Er erzählte mir viele Kriegserlebnisse, die meisten waren traurige, aber nicht alle. Gleich in den ersten Kampftagen in Holland springt er in einen Granattrichter, auch ein Engländer springt rein. Beide sind überrascht, aber keiner schießt. Der „Tommi" fragt: „ Du Cigarettes?" Vater rauchte nicht, hatte aber Zigaretten dabei, um sie gegen Süßigkeiten bei den Kameraden zu tauschen. Der Engländer bekam Zigaretten, Vater Schokolade. Dann wurde angedeutet, dass nach dem nächsten Granateinschlag jeder aus dem Granattrichter springt und verschwindet. Ich hörte noch mehr solcher Erlebnisse, auch seine Freunde im Altenkremper Krug hörten oft seine Geschichten.

Mein Lehrer "Vadder Bock" aus Beschendorf und ich kamen gut miteinander aus. Jede Woche fragte er mich: „Kannst du mir ein paar Barsche angeln?" „Ich werde es versuchen", war meine Antwort, und so durfte ich früher gehen, um in der Kremper Au Barsche zu angeln. In den Herbst- und Frühjahrsmonaten war reichlich Fisch in der Au. Im Sommer weniger, da war das Wasser zu warm. Im Monat September brachte der Lehrer für uns Schulkinder Körbe mit Birnen in die Klasse, unansehnlich in der Schale, doch hatten sie einen wunderbaren Geschmack und waren gut zum süßsauer Einwecken. Die Birnen aus Beschendorf hatten einen ekligen Namen, und der soll vor Jahren so entstanden sein: Für Knechte und Mägde standen früher die Plumpsklos dort auf dem Hof zwischen den Birnenbäumen. Wenn nun die Reife begann, lagen um diese Häuschen reichlich Birnen auf der Erde, die auch gegessen wurden. So bekamen sie den Namen „Schiethus-Birnen". Natürlich waren die alten Herz-Häuschen schon längst entfernt worden, doch die Birnen behielten ihren Namen.

Herr Bock bot uns Kinder auch an, auf seinem Hof die Birnen zu pflücken. Das wollte wohl jeder gerne, doch nach Beschendorf war es ein langer Weg, mit Pferd und Wagen eine Dreiviertelstunde. Man konnte auch mit der Bahn fahren, ab Hasselburg bis Nienrade, von dort war es nicht mehr weit bis Beschendorf. Meine Schwester Irmgard, mein Bruder Heinrich und ich machten diese Tour. Mit Körben bewaffnet, pflückten wir, bis sie voll waren, wir nahmen natürlich nur die besten Birnen. Mutter war glücklich, als wir mit unzähligen Birnen heimkamen. Sie wurden geschält und geviertelt, bis alle Einweckgläser gefüllt waren. Wir freuten uns alle, wenn ein Glas geöffnet wurde. Die kleinen Geschwister schmatzten, denn die süße Säure kribbelte in Hals und Nase, dass die Augen tränten.

Meine Schwester Irmgard 15 Jahre 1,65m und ich 16 Jahre 1,04m am Konfirmationstag

Das Jahr 1946 war schon ein paar Wochen alt. Pastor Niemann kam und teilte uns mit, dass im März für Irmgard und mich Konfirmation wäre. Mutter ließ vom Schneider, aus einer Wehrmachtsdecke eine Jacke schneidern und eine Mütze nähen. Die Mütze hatte einen ungemein großen Schirm. Ich fand das klasse, aber meine Kumpels lachten sich krumm. Irmgard und ich wurden vor der Kirche fotografiert.

Im April hatten wir Schulentlassung. Meine Schwester bekam in Neustadt eine Lehrstelle als Schneiderin bei Frau Heide. Herr Heide war erster Vorsitzender des Neustädter Angelvereins. An der Kremper Au lernte ich einige der Angler kennen: Max Lache, Erich Wurich, Peter Leppe, Ernst Wieske und meinen Freund Richard Axnik, mit dem ich fast täglich angelte. Aber ich musste auch arbeiten, den Vater an der Pumpstation vertreten und mit auf die drei kleinen Schwestern achten. 1947 wurde die Basilika in Altenkrempe 750 Jahre alt und der Reitverein hielt das Pfingstreiten ab. Feuerwehr, Sportverein, Schweine-Gilde und auch der Siedlerbund feierten im Kremper Krug mit

Musik, Tanz und Korn. Man schlug sich die Augen blau, hinterher vertrugen sich alle wieder.

Der Neujahrsball 1948 fand im Saal der Gaststätte statt. Da ich erst in vier Wochen 18 Jahre alt wurde, schlich ich durch den Garteneingang und fand eine Ecke, von wo aus der Saal gut zu überblicken war. Einige Schulkollegen sahen mich und kamen mit ihren Freundinnen zu mir rüber. In einer Tanzpause wurde es am Saal-Eingang laut. Es war der Gemeinde Polizist Latuschek, der die Personalausweise der jungen Leute kontrollieren wollte. Mit einem "Hab ich dich erwischt!" verlangte er meinen Ausweis. Weil ich erst am 29. Januar meinen 18. Geburtstag hatte, wollte er mich aus dem Saal ziehen. Meine Freunde stellten sich aber zwischen Latuschek und mich und drängten den Herrn Polizisten zum Ausgang. Dort schüttelte ihn der Kassierer, weil er keine Eintrittskarte hatte. Schmähungen wurden gerufen, einige stießen oder bespuckten ihn sogar. Er war ein Flüchtling, deshalb mochten ihn die Einheimischen schon vom ersten Tag an nicht. Wenn wir zwei uns begegneten, sagte er: "Dich werde ich schon noch erwischen". Einige Jahre später angelte ich im Pumpengraben, und der Herr Gemeindepolizist kam und verlangte den Angelschein. Da ich aber auf dem Grundstück meiner Schwester Irmgard stand, sie hatte inzwischen geheiratet und hieß jetzt Markmann, brauchte ich keinen. Sie kam dazu und machte dem Polizisten klar, dass er von ihrem Grundstück verschwinden solle. Schade, er hatte mich auch das zweite Mal nicht erwischt, was ihn sehr ärgerte.

Auf einer Versammlung des Fußballvereins, natürlich im Kremper Krug, kam es zum Streit zwischen dem Gastwirt und mir. Ich konnte den Kerl nicht leiden, er war ein Nazi. Das war nicht der Grund zum Streit, aber ich brachte es in meiner Wut mit hinein. Die neuen Satzungen des Vereins waren beredet worden und nun saß man noch bei Bier und Korn zusammen. Der Wirt sagte zu mir: „Wie lange willst Du deinem Vater noch auf der Tasche liegen?" Was mich ärgerte, war nicht sein Gerede, sondern das mein Vater mich nicht verteidigte, ich arbeitete ja sehr viel. Willy Rauch sprach dafür und meinte zum Wirt, diese Sache müssen wir dem Walter überlassen. Der Wirt bohrte weiter und fragte, ob ich Kostgeld abgeben würde. Ich sagte zum Wirt: „Du gehst ein wenig zu weit. In mein Privates brauchst du nicht zu schnüffeln. Die Nazizeiten sind vorbei, aber das hast du noch nicht begriffen." Damit stand ich auf und verließ das Lokal, ich habe es nie mehr betreten.

Ein Zufall brachte mir ein Lehr-Angebot. Hauptmann Hacker, der mit seiner Familie bei unserem Nachbarn wohnte, wurde von den Engländern zur Entnazifizierung abgeholt und nach Hamburg gebracht. Dort traf er Lorenz Hagenbeck, der erzählte, er wolle in den nächsten Jahren mit seinem Zirkus auf Reisen gehen. Herr Hacker erzählte ihm von mir, und ich bekam im März einen Brief von Hagenbeck. Ich wurde gebeten zu einem Vorstellungstermin zu kommen, man würde mir für zwei Personen Fahrkarten und Geld schicken. Ich schrieb zurück und teilte mit, dass ich kommen würde. Daheim begann ein Streit zwischen den Eltern. Ich wollte, dass Vater mit nach Hamburg fährt, aber der weigerte sich.

Also begleitete mich meine Mutter. Mit dem Zug fuhren wir nach Hamburg. Angekommen sahen wir schon den Fahrer, mit dem Schild „Hagenbeck" auf dem Bahnsteig stehen. Ich erkundigte mich vorher noch nach einem Zug für die Rückfahrt, dann fuhr er uns zum Tierpark. Im Büro empfingen uns Lorenz Hagenbeck, seine Söhne und Herr Köhrmann, der Personalleiter des Tierparks. Alle waren freundlich zu uns. Herr Hagenbeck bot mir eine Lehrstelle in der Dressurhalle an. Am 1. Mai 1948 sollte ich anfangen und Artist werden, dass gefiel mir. Man führte uns durch den Tierpark. Im Restaurant gab es Mittagessen, dann fuhr man uns zurück zum Hauptbahnhof. In Altenkrempe packte ich am 27. April meine Koffer, verabschiedete mich von Familie, Freunden und meiner Angel und fuhr allein nach Hamburg.

In Hamburg unterschrieb ich einen Vertrag mit Hagenbeck für drei Jahre, bekam 100 Mark Lehrlingslohn und beim alten Emil Köhrmann Kost und Logis. In der ersten Woche durfte ich im Park alles anschauen und mich mit den Wärtern bekannt machen. Im Ponystall begrüßten mich die Tierpfleger, der Sattler Herr Riedel und einige Jungs in meinem Alter. Ich lernte die Kinder vom Köhrmann Junior kennen, den Kurt und die Elke, seine Frau Martha und auch Uroma Krause, die mich in ihr Herz schloss. Sie sprach noch das alte Hamburger Platt. Wir mochten uns sofort.

Mein Lehrmeister, Emil Köhrmann Junior, dressierte vom Affen bis zum Zebra fast alle Tiere. Obwohl er in Russland schwer verwundet worden war, hatte er große Ausdauer und Geduld mit den Tieren. Er hat nie mit Gewalt dressiert oder die Tiere geschlagen. Auch wir Lehrlinge durften keine Tiere

Lehrling Walter Wulf in Hagenbecks Dressur-Schule

schlagen. Er war der Chef der Dressur-Schule von Hagenbeck und im Luisenhof, dort züchtete er Maultiere, Ponys und Zwergesel. Es wurden zwölf Maultiere vom Köhrmann dressiert. In der Zirkuswelt war das eine Sensation.

Ich bekam vier Ponys zur Pflege und musste am ersten Tag in der Manege reiten. Ich lag mehr auf dem Boden als dass ich auf dem Pony saß. Von 9 bis 12 Uhr sollte ich im Ponystall meine Arbeit machen. Mittags traf ich den alten Köhrmann am Haupteingang und wir gingen in seine Wohnung zum Essen. Ab 14 Uhr arbeitete ich in der Dressurhalle, dort trug ich Anzug und Mütze wie die Wärter. Vom Reiten hatte ich einen Muskelkater und aufgescheuerte Hände. Der Sattler schmierte mir Lederfett auf die Stellen und Frau Köhrmann machte mir Bäder. Ich gewöhnte mich an die blauen Flecke und alles machte doppelt Spaß.

Natürlich wollte ich überall dabei sein, und nachdem ich fest auf Ponys reiten konnte, wurde ich zum Bereiter in der Dressur ausgebildet. Im zweiten Lehrjahr machte ich eine große Dummheit: In dem Glauben, der Chef wäre schon zum Mittagessen gegangen, wollte ich mir eine Zigarette anstecken, zehn Meter entfernt von einem mit Heu beladenen Wagen. Ich kam nicht zum Rauchen, denn eine derbe Hand schlug mir Zigarette und Feuerzeug aus der Hand, dann wurde ich geschüttelt, Köhrmanns Stimme war eisig: "Walter! Willst du, dass der Hof abbrennt? Willst du, dass die Tiere verbrennen? Du bist doch mit 19 Jahren kein dummer Junge mehr!" Ich war nur einen Meter groß, wurde aber noch kleiner und schämte mich, versprach nicht mehr zu rauchen und habe es nie wieder versucht. Natürlich bekam ich eine

Strafarbeit beim Sattler Riedel. Ich musste Geschirre waschen, einölen und die Messingbeschläge putzen und polieren. Verdammt, war das eine Scheißarbeit!

Emil Köhrmann war bei der Arbeit genau und streng aber im Privaten ein entspannter Mann, der mir viele gute Ratschläge für mein Leben gegeben hat. Diesen Menschen werde ich nie vergessen. Sein 12 jähriger Sohn Kurt, der schon Ponys dressierte und mir natürlich darin voraus war, zeigte mir das auch gerne. Aber in einer Art, die mir nicht gefiel. Kindlich schob er sich immer in den Vordergrund, und manchmal musste sein Vater ihm Einhalt gebieten. Kurt Köhrmann wurde ein sehr guter Tierlehrer und dressierte sogar einen Schwertwal „Orca".

Während des Krieges waren viele Straßenbahnen in Hamburg durch Bomben zerstört worden. Die Straßenbahnen, die wieder fuhren, bestanden aus einem Triebwagen mit zwei Hängern, und im letzten Wagen durfte geraucht werden. Die Männer rauchten Pfeife mit selbst gemischtem Tabak, der aus Tee, Kleeblumen, Löwenzahnblättern und vielen anderen Mischungen bestand. Funken sprühten, und es knisterte, wenn sie an der Pfeife zogen. Die Bahn war immer überfüllt und so mancher Fahrgast fiel von dem Qualm in Ohnmacht. Oft hatte ich Ärger mit den Fahrgästen und den Schaffnern, alle sahen mich als Kind an. Wenn ich in der Bahn saß, kam oft jemand und zog mich am Kragen von der Bank. Mit den Worten: „Lass einen Erwachsenen dort sitzen!"

Von der Rundfunkzeitschrift "Hör Zu" bekam ich das Angebot, den Igel Mecki zu spielen. Die Bildergeschichten der lustigen Igelfamilie waren jede Woche in der Zeitschrift. Axel Springer, der Verleger des Blattes, wollte einen lebendigen Mecki und so kam man, über Hagenbeck, auf mich. Im Thalia Theater wurde die Gummi-Maske entworfen und mein Kostüm genäht. Für mich waren die Anproben immer ein komisches Erlebnis, wenn ich mich in einen Igel verwandelte. Nach zwei Wochen Arbeit war die Verkleidung perfekt und man fuhr mich zum Springer Verlag. Dort warteten viele Leute und Fotografen auf Mecki. Axel Springer begrüßte mich freundlich und sagte: " Du wirst unser Maskottchen". Er zeigte mir den Verlag und erzählte, dass hier bald ein neues großes Verlagsgebäude gebaut würde. Danach fuhren wir zum Rathausmarkt, um zu sehen wie die Hamburger auf Meckis Erscheinen reagierten. Das Auto der „Hör Zu" fand schon Beachtung, doch als ich ausstieg war Mecki im Nu von einer Menschenmenge umringt. Jeder zerrte an mir rum, und ich fürchtete, dass die Nase der Maske abreißen würde. Nach einigen Minuten flüchtete ich zurück ins Auto. Axel Springer und die anderen Herren von der „Hör Zu" waren begeistert.

Herr Hagenbeck und Herr Springer besprachen, an welchen Tagen ich den Mecki spielen konnte. Man einigte sich auf zwei Stunden am Nachmittag, montags und freitags. Ich wurde hauptsächlich fotografiert und gefilmt. Meine Auftritte bei Festlichkeiten gefielen mir, auf der Mönckebergstraße wurden sie zu einem Verkehrs-Chaos. Doch dann das Ende kam schnell: Herr Diehl und sein Bruder sahen ihre Rechte an Mecki verletzt, sie drehten Puppentrickfilme mit der Comicfigur.

Unternehmensarchiv Axel Springer SE

Der Circus Carl Hagenbeck wurde, zusammen mit den Geschäften der Schausteller, zum Dom auf dem Heiligengeistfeld aufgebaut. Danach sollte die Reise durch deutsche Städte weitergehen. Mich wollte man noch nicht mitnehmen, da ich noch im ersten Lehrjahr war. Neben der Ausbildung in der Dressur, entdeckte ich auch meine schauspielerischen Talente. Zusammen mit Hans Palussi (2,10m groß) und dem dicken Ludwig Röger spielte ich in einem „Zeltbau", der nahe dem Hamburger Hauptbahnhof stand, in einem Theaterstück einen Hotelboy. Später kamen noch Auftritte im Fernseh- Zirkus dazu. Die Aufnahmen wurden damals im Fernsehbunker an der Feldstraße gemacht. Artisten präsentierten hier ihre Kunststücke und Tierdressuren für die steigende Zahl an Fernsehzuschauern. Ich zeigte dort meine Pony-Dressur und Sketche als Managen August. In den Wintermonaten arbeitete ich oft als Komparse. In dem Film „Gift im Zoo", der im Hagenbecks Tierpark gedreht wurde, war ich als Affe verkleidet zu sehen. In „Die Dritte von rechts", in der Haifischbar und einigen Krimis von Jürgen Roland wirkte ich in Statistenrollen mit.

Für das Kaufhaus Karstadt spielte ich, zusammen mit sechs anderen Kleinwüchsigen, die Sieben Zwerge. In den Wochen vor Weihnachten saßen wir im

Schaufenster, reparierten Spielzeug und zeigten den staunenden Kindern und Passanten, die sich ihre Nasen an der Scheibe plattdrückten, neue Spielsachen. Unsere Aufführungen waren ein voller Erfolg, und im nächsten Winter wurden wir wieder engagiert. In Hagenbecks Kinder-Zirkus führten wir Clownerie Nummern vor.

Täglich arbeitete ich mit Tieren, mit denen ich im Zirkus auftreten sollte. Es waren sechs Holsteiner Pferde und vier Ponys. Im März kamen die Artisten nach Hamburg. Mit dem Clown Alberto und den Manegen–Augusten Nicko, Menne, Benno, Toto

Lehrmeister Nicko und ich

und Hugo musste ich auch den August machen und eine komische Nummer oder vielmehr eine Clownerie einstudieren. Ich schminkte mich und bekam zwei auffallend bunte Anzüge.

Mein zweites Lehrjahr bei Hagenbeck begann und damit die Circus-Saison. Ich arbeitete jetzt im Zirkus und wohnte mit dem Sprechstallmeister zusammen in einem Wohnwagenabteil. Wir kamen gut mit einander aus. Auch im Zirkus musste ich weiter trainieren. Die Arbeit mit Artisten und Tieren machte viel Freude, und ich bekam sie hundertprozentig in Griff. Ich wurde ein Artist, genauer gesagt, Liliputaner Artist. Ich war knapp über einen Meter groß und hatte einen Vertrag mit nun 250 Mark. Ich war gesund, glücklich und frei, erlebte Dinge, die mir die Augen und Ohren öffneten und arbeitete in einem Zirkusunternehmen, das weltbekannt war. Mit den berühmten Rivels Clowns, mit den französischen Luftakrobaten Les Zemganos, mit chinesischen Artisten, arabischen Akrobaten, dem berühmten Tigerdompteur Rudolf Matthies und vielen anderen, mich nannte man nun Waltino.

Ich erlebte wie ein Zirkus auf- und abgebaut wird, das Verladen der Zirkuswagen am Bahnhof, die dort auf flache Waggons geschoben wurden. Die Tiere, vom Pony bis zum Elefant, kamen in geschlossene Waggons. Es bildeten sich zwei Züge, der erste mit den Zelt- und Materialwagen, der zweite Zug mit Tieren und Wohnwagen. Die Eisenbahner nannten das Extra-Züge. Die Fahrten begannen immer in der Nacht, und es wurde zwischen den Personenzügen gefahren. So mussten die Zirkuszüge oft auf Bahnhöfen halten und den Personenzug vorbeilassen. Danach wurde bis zum nächsten Bahnhof weitergefahren.

1949 wurde der Zirkus wieder in Hamburg auf dem Heiligengeistfeld aufgebaut. Die Schausteller hatten zum Hamburger Dom ihre Karussells und Stände mitgebracht. Leider gab es einen starken Sturm, der fegte über den Dom durch Buden und Zelte. Im Zirkuszelt hingen an jeder Sturmstange zwei Männer, andere hielten die Seile am Zelt. Die Feuerwehr spritzte das Zelt nass, damit es schwerer wurde und die Sturmböen es nicht zerrissen. Der Zirkus hatte Glück, viele Schausteller nicht. Ihre kleinen Zelte oder leichten Buden wurden vom Sturm zerrissen oder umgeweht. Dem Schaugeschäft, das dem Zirkus gegenüber stand, war die ganze Front umgefallen, Teile flogen bis auf das Gelände vom Zirkus. Eine junge Frau, die in dem Geschäft als Akrobatin arbeitete, sagte zu mir: „Ich glaube unser Chef ist nun Pleite, alles ist kaputt, wir können unser Programm nicht mehr zeigen, denn auch das Zeltdach ist zerrissen." Für einige Schausteller war es das Ende, sie taten mir leid. Die junge Artistin sollte aber in meinem Leben noch eine große Rolle spielen. Das ahnte ich damals noch nicht.

Nach drei Wochen mit sehr gutem Besuch war der Dom zu Ende. Wir fuhren nach Hannover und von dort in andere Städte. Alles spielte sich ein beim Auf- und Abbau des Zirkus. Die Artisten waren eingeübt, und auch am Nachmittag wurde eine Vorstellung

Circus Carl Hagenbeck auf dem Heiligengeistfeld in Hamburg 1948

gegeben. Am Abend von 20 bis 23 Uhr war die große Vorstellung. Circus Carl Hagenbeck gastierte im Norden, im Süden, im Kohlenpott und auch an der Grenze zur DDR. Es war ein guter Start und ein prima Geschäftsjahr. Auf dem Bremer Freimarkt im November 1949 war mein erstes Reisejahr vorbei. Ich zog wieder bei den Köhrmanns in Hamburg ein und begann erneut meine Arbeit in der Dressur-Schule und dem Ponystall.

Im Dezember bekam ich vier Wochen Urlaub und 200 Mark Weihnachtsgeld. Ich wollte über Weihnachten und Neujahr nach Altenkrempe fahren, vorher aber noch Geschenke für die Familie besorgen. Ich steckte mein Erspartes ein und ging in Hamburg einkaufen. Einen Fußball für meinen Bruder, für den Vater knielange Lederstiefel, und für Mutter hatte ich mir eine Krokodilleder- Handtasche aufschwatzen lassen.

Von Hamburg fuhr ich mit dem Zug über Lübeck bis Bahnhof Hasselburg. Vater und meine Geschwister holten mich ab. Es gab ein Hallo von Freunden und Nachbarn, man hatte erzählt, dass ich komme. Ich bemerkte, dass mein Vater mich kritisch beobachtete, doch er sagte keinen Ton auf dem Heimweg. Mutter nahm mich in ihre Arme und weinte: „ Jung, was hast du mir gefehlt, und warum hast du nicht öfters geschrieben? Das tut man doch." Ich fand keine Worte, denn ich sah den Kinderwagen und darin lag ein kleines Kind, von dem ich gar nichts wusste. Es war mein Bruder Werner. Mutter und Vater standen beisammen, ich schaute sie nur an und meinte: „Musste das noch sein?" Wir begannen alle zu lachen und der Kleine zu weinen.

Im Haus roch ich Buttermilch und sagte: „Hast du Buttermilch-Suppe gekocht?" Das hatte sie, es war mein Leibgericht, und ich habe einen großen Teller voll mit sechs Grießklößen gegessen, nein gefressen. Ich konnte mich danach kaum bewegen. Nach dem Essen wurde mein Vater gesprächig und horchte mich aus. Über das Zirkusleben und meinen Verdienst, meine Gage, wie die Artisten sagen. Bei Frau Buhrmann habe ich übernachtet. Sie wollte kein Geld, ich fragte, ob ich das Bild ihres Sohnes beim Fotografen in Neustadt vergrößern lassen sollte. Er war im Krieg gefallen und sein Foto war nicht sehr groß. Erst zögerte sie, doch dann überließ sie mir das Foto, ich habe es vergrößern und einrahmen lassen. Am zweiten Weihnachtstag war Frau Buhrmann zu uns eingeladen und ich schenkte ihr das Bild. Sie weinte, doch bei Kaffee und Kuchen beruhigte sie sich wieder. Ich fragte Mutter, was sie für meine Schwestern zum Anziehen bräuchte, Unterwäsche täte für alle gut. Das wäre wichtig.
Wir fuhren mit dem Bus nach Neustadt zum Einkaufen. Die drei kleinen Mädchen Erika, Anke und Renate wurden komplett eingekleidet. Vater stand immer abseits, tat, als wenn er nicht zu uns gehörte, und schüttelte den Kopf. Bei Ausstatter Gosch hing im Schaufenster ein Anzug, wir kannten den Verkäufer und gingen in den Laden. Er sagte zu mir: „Soso, der Herr Wulf macht Urlaub, ist der Zirkus im

Winterquartier?" Ich bejahte, deutete auf den Anzug im Schaufenster und sagte zu ihm: „Haben sie den auch dunkler, mein Vater möchte einen Anzug." Vater war sprachlos und probierte den Anzug an. Mutter bekam noch einen Hut. Bepackt erreichten wir den Bus.

Für Irmgard hatte ich noch kein Geschenk. Meine Schwester sprach nicht viel. Mutter unterdrückte sie, auch mit 18 Jahren durfte sie nicht zum Tanzen oder sich vergnügen. Sie machte ihre Schneiderlehre und musste früh mit dem Bus zur Arbeit fahren. „Ich hätte gerne ein Fahrrad," sagte sie schüchtern. Am Freitag vor Heiligabend nahmen wir zwei den Bus nach Neustadt zum Fahrrad-Händler. Er bot uns ein Damenrad an. Wir verhandelten, er machte oft auch Reparaturen für uns, und ich bekam das Rad 20 Mark billiger. Irmgard fuhr auf dem Rad und ich mit dem Bus zurück nach Altenkrempe. Sehr viel ärmer.

Zu Hause war Lärm, Vater war betrunken. Er hatte rumgelabert, dass sein Sohn mehr verdient als er, und ich wolle nun zeigen, dass ich nicht auf seiner Tasche liege, wie es der Wirt gemeint hätte. Ich begann zu begreifen, dass mein Vater ein Egoist war, seinen Kindern nichts gönnte, seiner Frau kaum Geld gab und selbst viel vertrank. Weihnachten war Vater nüchtern, und als ich die Stiefel auspackte, sagte er zum ersten Mal Danke. Mutter meinte: „Junge, was soll ich mit der Krokodilledertasche?" Meine Schwester war glücklich mit dem Rad, mein Bruder aber vermisste die Fußballstiefel zum Ball. Die drei lütten Deerns probierten alles an, von den Gummistiefeln bis zur Pudelmütze und tatsächlich, der Alte hatte den neuen Anzug an. Ich war froh, alle glücklich zu sehen.

Zum ersten Oster-Dom auf dem Heiligen Geistfeld im April sollte wieder der Circus Hagenbeck aufgebaut werden. In der Dressurhalle sprach Erich Hagenbeck mit mir und fragte, ob ich gewillt sei, mit Elefanten zu arbeiten. Ein Herr Hack, der vom Schweizer National-Circus Knie gekommen war, wollte in vier Monaten eine komische Elefantennummer einstudieren. Mit zwei Elefanten, einem amerikanischem Jeep und meiner Wenigkeit.

Reklame-Tour für Circus Carl Hagenbeck.

Wie üblich war ich von 8 bis 11:30 Uhr im Ponystall. Von 13 bis 15 Uhr sollte ich mich im Elefantenhaus aufhalten, wo die Elefanten Mogli und Menie mich und den Ablauf der Dressur kennenlernen sollten. Es war vorgesehen, dass beide Elefanten den Jeep in die Manege schieben, den ich steuerte. Dann sollte ich dem Herrn Hack spielerisch erklären, dass der Motor streikte. Der zeigte dann auf den Auspuff und gab mir zu verstehen, dort nachzusehen. Das war ein Ofenrohr, in dem Lindenholzkohle steckte. Da schaute ich hinein, und der Elefant am anderen Ende des Rohres pustete mir den schwarzen Staub ins Gesicht. Inzwischen drehte der andere Elefant eine Orgel, die vorne im Motorraum steckte. Ich tanzte zu den Klängen, ein Elefant drehte sich auch, kam mit seinem Kopf zu mir runter, ich fasste ein Ohr und zog mich auf den Elefantenkopf, auf dem ich weiter tanzte. Als die Musik verstummte, ließ ich mich vom Kopf hinuntergleiten. Es war eine einfache, doch lustige Darbietung.

Leider war etwas eingetreten, mit dem Elefantenpfleger Werner Behrens und ich nicht gerechnet hatten: Wir bekamen keine Schlafgelegenheit. Erich Hagenbeck erschien, um das Problem zu lösen. Wir selbst kamen auf die Idee, mit den Elefanten im Stallzelt zu schlafen. Der Zeltmeister brachte uns Leinwand, der Hagenbeck kam mit Militär-Klappbetten. Für den Fußboden Planken aus Holz und zwei Ölradiatoren, um unseren Raum warmzuhalten. Die Futterkiste diente als Tisch, und die Innenseite beinhaltete unser Essen und die Getränke. Wir waren zufrieden, die Elefanten nicht: Sie begannen die Leinwand zu zerreißen und zu fressen. Wir fielen aus den Betten, wenn die beiden Lust auf Zerstörung hatten. Einer von uns musste immer im Zelt bleiben und auf die Elefanten aufpassen, aber die Mogli hatte auch andere Streiche im Sinn. Kam ich morgens mit einer Schüssel Wasser zum Waschen ins Zelt, schlug das Biest mit dem Rüssel unter die Schüssel und ich war „gewaschen."

Ein Elefant kam liebenswert sein, aber auch eifersüchtig, futterneidisch und erfinderisch. Unsere konnten die Schäkel-Schraube an der Fußkette herausdrehen und gaben uns das Stück mit einer schiefen und demütigen Kopfhaltung. Zur Nachtruhe, und das war jeden Abend erst nach 23 Uhr, gab es für jedes Tier zwei Runkelrüben, Maisschrot und 50 Liter Wasser zu trinken, dann Heu und Strohballen. Das Stroh wurde von den beiden aufgeschichtet, um es sich darin gemütlich zu machen. Doch sie beklauten sich gegenseitig, sodass es manchmal in heftigen Stößen endete und wir laut um Ruhe bitten mussten. In den Jahren hat keine von den beiden Elefantenkühen einen Angriff auf Werner oder mich versucht. Täglich waren wir zusammen, täglich suchten sie in unseren Taschen nach Äpfeln und Rübenstücken.

Irgendwann und irgendwo hörte ich von einem Besucher diese Worte:
„Ach wär ich doch ein Elefant, dann würde ich jubeln laut.
Mir ging es nicht ums Elfenbein, nur um die dicke Haut."

Nun, Elefantenhaut ist nicht sehr dick, aber bewachsen mit kleinen harten stecknadelartigen Haaren und äußerst empfindlich. Wir benutzten ein Reit-Lederkissen, wenn wir in der Stadt Reklame machten und auf ihnen ritten. Die Ohren sind die Kühlorgane, denn Elefanten schwitzen nicht über die Haut. Die Haut wird zum Schutz vor Hitze und Sonnenbrand mit Sand, Staub oder Schlamm bespritzt. In Laos und Thailand werden die Elefanten von den "Mahouts" mit halben Kokosnussschalen geschrubbt, deshalb sind dort die Elefanten an bestimmten Hautstellen haarlos.

Erich Hagenbeck hatte aus England drei Wollschweine mitgebracht, ein großes und zwei kleinere. Er sagte zu mir: „Mach was draus, ich schenke sie dir." Ich muss gestehen, dass ich ratlos war: Ich kannte solche Schweine nicht. Ich fragte den Kleintierpfleger bei Hagenbeck nach seiner Meinung: "Nimm einen Besen mit ins Gehege und gib acht auf deine Beine", riet er mir.

Ich beobachtete die Tiere erst einmal. Der Tierpfleger blieb zur Sicherheit an der Tür, als ich in den Koben trat und eine schützende Ecke suchte. Alle drei schauten mich mit großen freundlichen Augen an und kamen schnüffelnd näher. Aggressiv waren sie nicht, und mit Maiskolben und Rüben konnte ich in den nächsten Tagen ihre Freundschaft gewinnen. Ich gab ihnen die Namen Morle, Maxe und Dicker.

Für den Transport der Schweine zur Dressurschule bauten wir eine Kiste. Mit Maiskolben lockte ich die Schweine in den Kasten, und mit dem Hubwagen wurden sie aufgeladen. Als ich die Tiere aus der Kiste in die Dressurmanege trieb, gab es ein riesiges Durcheinander. Im Schweins-Galopp nahm jedes seinen eigenen Weg und verschwand in den Büschen. Alle Wärter suchten und man fand sie, den teuren Rasen zerwühlend. Wieder halfen uns die Maiskolben, wir befestigten sie an Stöcken und führten so die Schweine in die Dressurmanege.

Beim Sattler ließ ich aus breiten Gewebebändern Geschirre bauen. Er vermaß die Schweine und fertigte sie an. „Dicker" bekam einen Voltigiergurt. Ich beabsichtigte, die beiden ersten im Geschirr zu führen und auf „Dicker" zu reiten, so wie es die Kosaken mit ihren Pferden machten. Von Mitte Januar bis Ende März probte ich. Dann hatte ich die drei Säue soweit und konnte auch auf „Dicker" reiten. Wir zeigten Volte, Pirouette und Laufen auf den Manegekästen. Sie grunzten, quiekten und gaben auch andere Töne von sich. Die Pferde-Dresseure klopften mir auf die Schulter und lachten, für mich war es eine Anerkennung. Meine Auftritte mit den Schweinen waren erfolgreich, die Leute waren begeistert, und Bauern fragten, was sind denn das für Schweine? Mit langer Schnauze, wolligem Haar und stehenden Ohren? Es sind englische Landschweine, die Sommer wie Winter draußen gehalten werden. Im Sommer tragen die Schweine kurze Haare, im Winter ist das Haar länger und gelockt. In der Saison 1950, die im April begann, hatte ich reichlich zu tun: Auftritte mit den Elefanten, meinen Ponys, den Holsteiner Pferden und nun auch mit Schweinen. Dazu kamen noch einige Reprisen als Manegen-August.

Der Circus Hagenbeck wurde auch in Lübeck aufgebaut. Lübeck ist von meinem Heimatdorf etwa 30 Kilometer entfernt, und da wollte ich, dass meine Eltern und Geschwister in den Zirkus kommen. Ich sprach mit Erich Hagenbeck darüber, er meinte: „Lass doch das ganze Dorf mit einem Bus kommen, wir sind nicht ausverkauft, und Plätze für 30 bis 40 Leute haben wir frei. Alle bezahlen den halben

Preis." Ich telefonierte mit dem Pastor, der sollte mit meinen Eltern und den Dorfleuten sprechen und nach Lübeck kommen.

Samstags kam ein Bus mit meinen Angehörigen und allen Dorfbewohnern, die kommen konnten. Die ehemaligen Schulfreunde staunten über lütt Wulf: Das mit den Schweinen war ja wohl unmöglich. Wie konnte er die dazu bringen so zu arbeiten?

Nach der Vorstellung setzten wir uns alle in das Restaurant-Zelt. Ich spendierte Brötchen mit Bockwurst, Bier und Coca Cola. Ich war glücklich. Mutter fragte gleich: „Kommst du wieder zu Weihnachten?" Ich konnte noch nicht bejahen, wollte es aber möglich machen. Mein Vater nörgelte wegen meiner Gage: „Mensch Walter, was musst du alles machen, da sind die 250 Mark zu wenig." Ich erwiderte: „Ach, mir reicht es." Die Freunde und Nachbarn stimmten ein „Hoch soll er leben" an.

In Lübeck wurden die Zelte abgebaut, die Sonderzüge wurden zum Bahnhof Hamburg Eidelstedt geleitet und dort auf der Rampe abgeladen. Die Wohn- und Packwagen stellten wir auf den „Schwarzen Hof" in die großen Wagenschuppen. Die Tiere kamen zu Hagenbeck in den Tierpark. Die Zelte wurden zur Zeltfabrik Stromeyer nach Konstanz gebracht, dort wurden sie gereinigt, geflickt und neu imprägniert. Familie Köhrmann wartete schon, als ich mit meiner Überseekiste, die ich auf einem Handwagen geladen hatte, vor der Haustür ankam. Ich wurde wieder freundlich aufgenommen.

Am nächsten Morgen ging ich in den Ponystall. Ich überprüfte die Hufe der Ponys und ob der Schmied zum Beschneiden kommen müsse. Begrüßte den jungen Köhrmann, den Sattler Riedel und die Tierpfleger. Beim alten Köhrmann wurde angerufen, ich möchte ins Büro kommen, meinen letzten Lohn und das Weihnachtsgeld abholen. Als ich bei Köhrmanns alles klar hatte, trat ich die Fahrt heim in den Urlaub an.

Mit der Bahn fuhr ich bis Neustadt, von dort mit dem Bus nach Altenkrempe. Bei Frau Buhrmann konnte ich wieder übernachten. Ich stand immer früh auf, ging um 7 Uhr schon zum Krämerladen und kaufte Brötchen und Rosinenbrot. Das mochten die drei kleinen Mädchen so gerne. Aber Papa auch, der inzwischen sehr friedlich und vernünftig mit mir redete. Mutter fragte: „Und was möchtest du gerne mal Essen?"

Ich antwortete: „Ich esse alles, aber wenn alle einverstanden sind, möchte ich Steckrüben-Mus mit Kochwurst."

Meine Geschwister hingen wie Kletten an mir. Die große Schwester sagte gar nichts. Ich merkte, dass sie etwas auf dem Herzen hatte und nicht reden mochte. So fragte ich: „Was macht dein Fahrrad?" Irmgard sagte: „Damit fährt Vater, weil seins kaputt ist." Dann sagte sie: „Mutters Rad hat er auch kaputt gefahren, alle Räder liegen im Holzstall." Zu Vater sagte ich: „Wenn du eine Möglichkeit findest, dann bringe alle drei Räder zur Reparatur in den Laden und sage dort, dass ich komme." Beim Essen bemerkte ich, das viel Geschirr angestoßen war, Henkel oder Tülle ab, die Tassen gesprungen. Alles war vor und über die Kriegsjahre benutzt worden, und Geld für etwas Neues war nicht vorhanden. Mutter und ich fuhren nach Neustadt und kauften ein. Mäntel für die Mädchen, und Mutter suchte sich ein Service aus. Ich besuchte den Fahrradhändler und war danach fast pleite, aber wir hatten ein glückliches Weihnachtsfest.

Nach Weihnachten bekam ich ein Telegramm, ich sollte zurück nach Hamburg kommen. Ich erfuhr, dass unsere Clownerie Nummer, „Wasserpantomime" im Circus Barlay (Ost-Berlin) gebraucht würde. Von Hamburg flog ich nach West-Berlin. Dort wurde ich abgeholt und in den Ost-Sektor gebracht. Mit meinen Papieren der russischen Botschaft kam ich durch die Kontrollen. Meine Kollegen Nicko, Menne, Benno und Hugo erwarteten mich im Zirkus an der Artilleriestraße. Von Hagenbeck waren meine Artistenklamotten nach Berlin geschickt worden. Nun musste nur noch festgestellt werden, wo ich schlafen sollte. Die Mutter von Nicko lebte in West-Berlin, in der Flughafenstraße nahe der U-Bahn Station. Sie war sehr freundlich und bot mir an, bei ihr und Nicko zu wohnen.

Der Circus Barlay, ein großer alter runder Holzbau, war renoviert worden. Die russischen Soldaten wollten unterhalten werden. Die Ost-Behörden und die russische Botschaft engagierten aus dem Westen bekannte Artistengruppen. Damit stellten sie im Januar 1951 ein Zirkus-Programm auf die Beine. Vom ersten bis zum letzten Tag war die Zirkus-Bude voll. Wir erlebten Russensoldaten, die mitten in der Vorführung auf den Pferden reiten wollten. Sie waren betrunken und wollten bei den Nummern mitmachen, auch bei unserer Wasserpantomime. Wir haben viel über diese jungen Soldaten gelacht. Wir Artisten mussten nach der Vorstellung die russischen Offiziere unterhalten, die im Friedrichstadtpalast ihre Kantine hatten. Ein Adjutant holte uns immer nach der letzten Vorstellung ab. Wenn wir sagten, heute kommen wir nicht, fiel er auf die Knie, bettelte und sagte: „Wenn ihr nicht kommt, erschießen die mich." Wir einigten uns darauf, sie dreimal in der Woche zu besuchen.

Mitte Januar kam ein Mann vom Circus Aerus, der allen Artisten das Angebot machte, im Februar in Leipzig zu arbeiten. Auch würde dort das neue Programm für russisches und deutsches Publikum gestartet. Leipzig war das Gegenteil von Berlin, dort war es ruhig wie auf einem Friedhof. Das Hotel, in dem wir wohnten, ein Dreckstall, das Essen wenig und nicht gut. Alle Artisten bekamen die gleiche Gage, es gab im Monat 1.600 Ost-Mark und pro Woche 80 Deutsche Mark extra, weil wir im Westen wohnten.

Anfang März bin ich von Leipzig zurück nach Hamburg gefahren. Nach dem Bad bei Köhrmanns erzählte ich von Ost-Deutschland, der Unterschied zwischen Ost und West war deutlich. Wir haben bis spät in die Nacht hinein diskutiert. Morgens nach dem Frühstück sagte ich: „Dann werde ich mal in den Tierpark gehen, meine Ponys, die Säue und die beiden Elefanten begrüßen." Da sagte Köhrmann: „Die drei Schweine sind vor Weihnachten geschlachtet worden, und das Fleisch wurde an die Wärter verteilt." Ich war fassungslos. Köhrmann weiter: „Der Herr Hack ist zurück in die Schweiz gereist, zum Circus Knie. Erich Hagenbeck hat gesagt, du sollst die Elefanten übernehmen." Ich machte mich auf den Weg ins Elefantenhaus.

Dort begrüßte ich Werner, wir besprachen alles, dann gingen wir in den Stall zu den Elefanten. Mogli und Menie tätschelten mich mit dem Rüssel. Werner zerschnitt eine Rübe und ich gab beiden die Stücke. Es kam der Chef vom Elefantenhaus, Herr Theisinger, ein Mann, der für mich undurchschaubar war, aber ein Elefanten-Experte. Wir begrüßten uns und er sagte: „Nutze deine Chance, du wirst es schon schaffen, und der Behrens ist ein guter Elefantenpfleger mit Verstand." Wir übten den gesamten Ablauf mit dem Jeep, der Orgel und dem Auspuff. Schon nach einer Woche waren wir bereit für die Vorführung in der Manege. Meine beiden „kleinen" Lieblinge machten ihre Arbeit gut. Aus dem Büro bekam ich einen neuen Jahresvertrag, in dem stand, dass ich nun monatlich 400 Mark bekäme.

In Berlin hatte ich meinen Geburtstag nicht gefeiert. Inzwischen war der Monat März halb durch, und Frau Köhrmann sagte: „Nun endlich wollen wir nachträglich deinen Einundzwanzigsten feiern, lade ein, wen du möchtest." Von Familie Köhrmann bekam ich einen Voigtländer Fotoapparat und von Lorenz Hagenbeck eine Armbanduhr. Später am Abend schrieb ich Briefe an meine Eltern und Oma Kroschinski, die inzwischen bei ihrem Sohn Hans in Lübeck wohnte. Hans hatte das Kriegsende überlebt und eine Spedition aufgebaut.

Ich habe Elefanten nicht als nachtragend oder gefährlich kennen gelernt. Sie mögen Berührungen der Haut, ihrer Zunge und das Streicheln am Rüssel. Die Ohren sind

empfindlich wie Antennen. Zum Führen benutzten wir den Elefantenhaken, einen 60 cm langen Stab, der am Ende einen Haken und eine Spitze hat. Wollte der Elefant nicht folgen, konnte ich ihn mit etwas Druck "ziehen" und "drängen". Die Charaktere der beiden waren unterschiedlich. Die kleine Mogli war flink und schnell und wartete

Meine beiden „kleinen" Lieblinge und ich 1950.

immer auf eine Gelegenheit Werner, oder mich zu erschrecken. Die größere Menie war in allem langsamer und bedächtiger, sie mochte mich gerne an ihre Beine drücken, dann grummelte sie und suchte in meinen Taschen nach einer Möhre. Möhren liebte sie über alles.

Wenn wir in einer Stadt ankamen, fragte ich die Bahnbeamten, wo ein Wochenmarkt wäre. Dort gingen wir hin und machten Reklame für den Zirkus. Die beiden Elefanten bedienten sich von den Markttischen. Menie stibitzte am liebsten einige Bund Möhren. Mogli machte immer viel Obst und Gemüse kaputt, bis sie endlich etwas gefunden hatte, was ihr gefiel. Wir haben dann alles bezahlt und Freikarten verteilt. Am nächsten Tag waren Bilder in der Zeitung und ein Bericht mit der Überschrift „Elefanten überfallen Wochenmarkt." Die Elefanten mussten auch beim Aufbau des Zirkus mithelfen. Besonders an Regentagen waren sie sehr hilfreich.

Die Traktoren wühlten sich immer tief in den nassen Schlamm, Elefanten arbeiteten da schonender.

Elefanten brauchen viel Pflege der Haut und vor allem der Füße. Die Nägel müssen gefeilt werden, da sie sich auf Stroh und Sägemehl nicht von selbst abnutzen. Die gepolsterte Laufsohle, die aus mehreren kleinen Noppen und einem Profil besteht, muss von Schmutz und Steinchen befreit werden. Die Elefantenhaut haben wir mit nassem Lehm eingerieben und sie dann mit einer Wurzelbürste geschrubbt, das mochten die Elefanten. Es war eine Arbeit, die uns Mut und Schweiß kostete. Ja liebe Leute, es gab jeden Tag etwas zu tun und ich hatte in den Jahren die beiden "Kleinen", wie ich sie nannte, sehr lieb gewonnen.

Der Auszug der Zirkustiere aus dem Tierpark, hin zu den Eisenbahn-Waggons im Bahnhof Eidelstedt, war ein Weg von nur zehn Minuten. Den ganzen Weg lang beschwerten sich die beiden Elefanten, dass sie den Tierpark verlassen mussten. Man konnte das tiefe Grummeln deutlich hören. Im Waggon nahmen beide ihren Platz ein, auf der anderen Seite standen der Zebu Bulle mit seinen beiden Kühen. Zwischen den Tieren baute ich mir mein Schlaflager aus Heu und Stroh. Werner Behrens und ich fuhren immer im Waggon mit, es war für die Tiere beruhigend. So lernte ich im Stall, bei der Arbeit, und bei den Fahrten im Eisenbahnwaggon die Eigenheiten der beiden indischen Elefantenkühe kennen.

Zirkustiere wurden immer als erstes in die Waggons gebracht, danach wurden die Ställe und Zelte abgebaut. Der Waggon mit mir und den Elefanten stand an der Seitenrampe. Die Waggons mit dem Materialwagen mussten über die Kopframpe beladen werden. Einmal passten der Rangierer oder der Lokführer nicht auf und rammten unseren Waggon. Ich flog in eine Ecke, stand auf und bemerkte, dass der Waggon rollte. Die Bolzen, mit denen die Ketten der Elefanten am Boden befestigt wurden, waren herausgerissen. In diesem Moment gab es erneut einen Aufprall. Ich flog nach vorne und schlug mit der Stirn auf die Kette am Vorderfuß von Menie. Dann verlor ich die Besinnung. Ich spürte ein Zupfen an meiner Kleidung und hörte Schnaufen. Menie versuchte mich aufzuheben. Endlich wurde mir klarer vor Augen, und ich hörte Leute rufen. Die Elefanten standen nicht mehr angekettet im Wagen, die Hinterwand mit Dach war abgerissen und lag auf den Gleisen. Dann wurde die Seitentür vom Verlademeister und seinen Leuten aufgeschoben. Der Waggon war auf den Prellbock vor der Güterhalle aufgelaufen. Zum Glück gerieten die Elefanten nicht in Panik. Natürlich war die erste Frage: Ist den Tieren etwas geschehen. Dass ich blutend hinter dem Elefanten lag, wurde erst später bemerkt. Die Stirnwunde wurde geklammert und das Blut aus dem Gesicht gewaschen. Am anderen Morgen weckte mich Werner: „Wenn du dich besser fühlst, möchtest du ins Büro kommen." Ich trank in der Küche erst mal Kaffee, danach machte ich mich auf ins Büro. Dort waren Erich Hagenbeck, der Zelt- und der Stallmeister. Sie begrüßten mich und fragten, wie es mir geht. Ich sagte: „Die Tiere sind wohlauf, mir geht es gut und die Show must go on." Alle lachten und der Büromensch gab mir 50 Mark Schmerzensgeld. Zu Werner sagte ich später: „Siehst du, es war gut, dass wir die Fesselketten mit starkem Leder umnähen ließen." Es wäre Schlimmeres passiert, wenn ich auf die nackte Kette gefallen wäre.

Die Bahnhöfe waren zum Teil noch zerbombt, der Sonderzug mit den Tieren und Zirkuswagen wartete meist ein paar Stunden bis zur Entladung auf irgendeinem

Der Wohnwagen Sonderzug.

Abstellgleis. Dort wucherten oft Büsche mit Weiden und Akazien. Blätter und Zweige, das ist etwas Leckeres für Elefanten. Mit einem Handbeil schlug ich Äste aus den Büschen, schleppte diese an den Waggon. Mit dem Rüssel zogen meine Elefanten das Gestrüpp zu sich in den Wagen. Normalerweise freuten sich die Bahnbeamten, wenn ich das Gebüsch entfernte, aber auf diesem Bahnhof war ein Polizeibeamter, und der kam nun im Laufschritt auf mich zu. Er fragte von weitem schon: „Was machst du da?" Als er bei mir stand, antwortete ich: „Das siehst du doch." Er ermahnte mich: „Mit du möchte ich nicht angesprochen werden." Ich entgegnete: „Ich auch nicht, bin zwar klein, aber 22 Jahre alt." Er sagte: „Das geht aber nicht, hier einfach Äste abzuschlagen." Dann sah er, wie Menie einen Ast unter den Fuß nahm, den Ast wälzte, bis die Rinde absprang, die Rinde ins Maul steckte und den Ast hinterher, dann schlürfte sie genießerisch den Saft. Da fragte der Polizeibeamte: „Frisst der Elefant etwa das Holz?" Darauf antwortete ich: „Ja, und dann scheißt er fertige

Möbel." Der Beamte schaute mich an, bekam einen roten Kopf und verschwand. Es dauerte nicht lange, da kamen die Bahnarbeiter vom Güterbahnhof und fragten: „Was hast du mit unserem neugierigen Polizisten gemacht? Er murmelt immer: der Kleine, der Kleine." Ich sagte, was vorgefallen war, und alle begannen zu lachen.

In Friedland wurden die Heimkehrer aufgenommen, registriert und in ihre neue Heimat weitergeleitet oder von Angehörigen abgeholt. In Westdeutschland war die Ordnung wieder eingekehrt und der Aufbau voll im Gange. Man konnte es überall erkennen. Leider war der Zirkus nicht mehr so gut besucht, denn nun waren auch andere Zirkusse unterwegs. Circus Althoff, Belli, Krone, Brumbach, Sarrasani und mehr. Die Leute waren satt geworden, die Zuschauer blieben aus.

In Offenburg am Main begegnete ich zum ersten Mal „Schneiders Liliputaner Stadt". Dass es so was gab, eine Show mit kleinen Menschen, das wusste ich noch nicht. Herr Schneider kam in den Circus Hagenbeck, der auf einem Platz auf der anderen Seite vom Main stand. Dort sah er mich und sprach mich an. Er wollte in der nächsten Saison ein größeres Zelt aufbauen und seine Show mit Tierdressuren erweitern. Wenn er Tiere im Programm hätte, dann könnte er sich Schneiders Liliputaner Stadt Circus und Revue nennen. Das wäre für die Leute etwas Neues. Er fragte, ob ich mit ihm kommen wollte. Begeistert war ich nicht. Ich erwiderte: „Darüber müssen Sie mit Hagenbeck reden, aber mir gefällt es hier und ich will nicht weg." Für mich war es kein Thema mehr, doch schaute ich mir das

Front und Eingang mit Kassen zum Liliputaner Circus 1954

Programm der kleinen Leute an. Einige Artisten waren viel kleiner als ich, auch junge Frauen waren dabei, die ihre Akrobatik-Kunststücke zeigten. Sie kamen auch zu Hagenbeck in den Zirkus, und wir unterhielten uns. Zeit um Freundschaften zu schließen, hatte man auf den Reisen selten.

Im Dezember 1952 war in den Messehallen Hamburg eine Ausstellung von neuen Schausteller-Geschäften, Wohn- und Gerätewagen. Erich Schneider kam auch und besuchte Hagenbeck. Die Schneiders sind eine alte Schausteller Familie, die schon im neunzehnten Jahrhundert Karussells und Schaubuden hatten. Ich wurde zu Hagenbeck gerufen, dort traf ich Herrn Schneider wieder. Erich Hagenbeck begann zu reden und sagte zu mir: „Du hast wohl auch gemerkt, dass weniger Zuschauer gekommen sind. Wir wissen noch nicht, ob wir im nächsten Jahr wieder eine Saison machen." Herr Schneider fragte nun, ob ich gewillt wäre mit den vier Ponys, die er von Hagenbeck kaufen wollte, bei ihm im Zirkus zu arbeiten. Er war noch drei Tage in Hamburg, und ich sollte darüber nachdenken.

Es stürzte reichlich über mich herein: Hagenbeck wollte nicht mehr auf Tournee gehen. Die Elefanten wurden an einen Zoo in Frankfurt/Oder verkauft. Im Hamburger Tierpark gab es keine Arbeit für mich.

Herr Schneider besuchte mich bei Köhrmanns und versprach mir einen Vertrag. Er kaufte die Ponys und bei der Firma Mack, die Schausteller Wagen und Karussells baute, ließ er einen Pferdewagen für acht Ponys anfertigen. Er wollte noch einige Ponys kaufen, die ich dann dressieren sollte. Mir wurden ein Wohnabteil, ein Frack und einen original Reitanzug mit Stiefel sowie Kost und Logis versprochen. Doch sollte ich mit den Ponys noch bei Hagenbeck bleiben und erst Anfang März 1953 nach Waldkirch kommen, dort war Schneiders Winterquartier. So endete meine geliebte Arbeit beim Circus Hagenbeck.

Im Februar 1953 machte ich bei meinen Eltern und Geschwistern wieder Urlaub. Irmgard hatte geheiratet. Bruder Heinrich war auch aus dem Haus, doch dafür lag ein neuer kleiner Bruder im Kinderwagen: Peter. Im Haus waren noch Erika zehn, Anke acht, Renate sechs und Werner drei Jahre alt. Der Alte war ein missmutiger Trinker geworden, der seinen Lohn versoff. Ich telefonierte mit seinem Chef de la Motte, und wir sprachen ab, dass er in der Sparkasse anrufen möchte und dort den Leuten erklärte, dass Vaters Lohn nur an Mutter ausgezahlt werden sollte. So wurde es auch getan. Im Suff hat der Alte gemeint, er würde mich erschlagen. Ich ging angeln und verbrachte einige ruhige Tage am Wasser.

Auf der Rückfahrt nach Hamburg war wieder Herr Grell der Zugführer. Er wohnte mit seiner Familie auch in Altenkrempe und bekam nach dem Krieg eine Anstellung bei der Bahn. Ich plante meine Zugfahrten nach seinem Dienstplan und konnte bei ihm im Dienstabteil mitfahren. Wir unterhielten uns, so wurde die Fahrt nie langweilig. Vom

Die Geschwister Wulf 1955: Walter, Irmgard, Erika, Heinrich, Anke, Renate, Werner, Peter

Hamburger Hauptbahnhof aus nahm ich die Straßenbahn Linie 16, die bis direkt zum Haupteingang von Hagenbecks Tierpark fuhr. Dort bereitete ich alles für die Bahnfahrt nach Waldkirch vor.

An einem frühlingshaften Märztag begann meine Reise zum Liliputaner Circus Schneider. Der Köhrmann hatte für die Überführung der Ponys einen geeigneten Waggon bestellt, in dem auch ich mitfahren wollte. In den Wagen kamen die vier Shetland Ponys, die große Kiste mit den Geschirren, ein Sack Quetschhafer und ein Sack Rübenschnitzel, mein Überseekoffer, Eimer und Kannen gefüllt mit Wasser und die Pferdedecken. Mit Heu- und Strohballen wurden die Waggonwände vor Kälte abgedämmt. Ich hatte noch vor Abfahrt in Eidelstedt in den Lampenhalterungen außen am Waggon Strohbüschel einstecken lassen, das bedeutet „Tiere im Waggon" vorsichtig rangieren. Leider hielten sich die Bahnarbeiter nicht immer daran. Von Hamburg-Eidelstedt bis Waldkirch wurden wir mit dem Güterzug transportiert, es waren fast 1.000 Bahn-Kilometer, aber ich war es ja gewohnt im Waggon zu reisen.

Ab Kassel wurde es verdammt kalt, und je weiter wir nach Süden kamen, desto mehr Schnee sah ich. Doch den Tieren ging es gut, der Waggon war dicht. Die Ponys trugen noch ihr Winterfell, so etwas hatte ich nicht. In eine Pferdedecke gewickelt, wärmte ich mich an den Ponys. Nach 28 Stunden kam ich in Waldkirch an. Dort lag meterhoher Schnee, und die Ponys wollten nicht aus dem Waggon. Gutes Zureden und eine Handvoll Hafer machte ihnen Mut den Wagen zu verlassen. Herr Schneider und Felix, der Reklamechef der Liliputaner Show, holten uns mit dem Ponywagen vom Bahnhof ab. Auf einem großen Grundstück zwischen Waldkirch und Emmendingen, endete die Fahrt. Ich habe die Tiere versorgt, bekam selbst zu essen, merkte aber, dass mir nicht gut war. Ich konnte noch meine Klamotten im Wohnwagenabteil einräumen, aber dann war ich zu müde um weiterzumachen. Am nächsten Morgen konnte ich nicht sprechen, hatte Fieber und Durst. Das war kein guter Anfang. Der Arzt kam und sagte, dass ich eine Grippe habe und im Bett bleiben sollte. Frau Schneider besuchte mich, brachte mir Tabletten und Tee und meinte, dass ich mich nicht zu lange ausruhen solle, es gäbe viel zu tun, die Saison startet bald. So stand ich am zweiten Tag auf, ging in den Pferdewagen, aber brach dort zusammen.

Wie lange ich dort gelegen habe, weiß ich nicht, denn ich wachte erst im Emmendinger Krankenhaus wieder auf. Herr Schneider war entsetzt und sagte: „Es war dumm von dir aufzustehen und zu arbeiten." Doch ich antwortete: „Deine Frau hat gemeint, ich könne nicht so kurz vor der Saison rumliegen." Seine Frau stritt alles ab. Frau Schneider und ich waren uns von Anfang an nicht sympathisch und es gab oft Reibereien. Mein Aufenthalt im Krankenhaus dauerte mehrere Tage. Ein netter kleiner Artist, Richard Pohl, hat die Tiere in der Zwischenzeit versorgt. Er fragte, ob er auch weiterhin helfen könne. Ich freute mich über jede helfende Hand bei der Pflege der Tiere, so übertrug ich ihm das Einkaufen von Futter für die Ponys.

Am Abend nach der Entlassung aus dem Krankenhaus bat Herr Schneider mich zu sich in den Direktionswagen. Er wollte mit mir den Vertrag machen, das muss sein. Ob ich für 200 Mark im Monat bei ihm arbeiten würde, natürlich bei freier Kost und Logis. So ein großer Zirkus wie Hagenbeck sei er nicht und könne nicht mehr zahlen. Meine Meinung dazu war folgende: „Ich bekomme im Monat 250 Mark und ein Abteil für mich allein." Seine Frau Erika lachte und sagte: „Du bist nicht mehr bei Hagenbeck." Ich sagte: „Wir wollen doch beim Sie bleiben, beim Du kann man leicht ausrutschen." Herr Schneider sagte: „Alle Kleinen werden mit Du angeredet." Ich sagte: „Wie schön, Erich." Das war sein Vorname, er lachte und sagte dann: „Wir bleiben beim Sie."

Mein Vertrag über 250 DM Gage war für drei Jahre und mit der Vereinbarung, wer den Vertrag bricht, zahlt 10.000 Mark Konventionalstrafe. Man sollte aber auch das Kleingedruckte lesen. Dort stand, ich hätte mich als Truppenmitglied verpflichtet, alle

Arbeiten wie Tanzen, Aufführungen und vieles mehr mitzumachen. Auch sollte ich die Zirkus-Reklame in die Läden austragen und aufhängen. Ich weigerte mich, und der liebe Chef wollte mir daraus einen Strick drehen. Doch ich blieb stur, er brauchte mich ja für die Pony-Nummer.

Meine erste Saison in Schneiders Liliputaner Stadt und Circus Revue begann im April 1953 in Emmendingen. Meine Pferdchen machten ihre Arbeit. Die mit zwei Artisten einstudierte Manegen-Clownerie gefiel auch Frau Schneider. Wir waren 35 kleine Leute, die tanzten, Akrobatik präsentierten, Instrumente spielten, Pudel vorführten, Drahtseil tanzten und sogar in der Luft am Trapez ihre Kunst zeigten. Die Presse schrieb Artikel über die „Kleinen". Meine vier Ponys und ich waren in jeder Zeitung anzuschauen. In allen Städten, die wir besuchten, hatten wir ausverkaufte Vorstellungen. Die Besucher schauten sich die kleine Liliputaner Stadt an. Da gab es das Liliput-Kaufhaus, das Rathaus, den Imbiss, die Reisewagen und vieles mehr zu sehen. Wenn genügend Leute drin waren, öffnete Direktor Schneider das Zirkuszelt und die Vorstellung begann.

Nun möchte ich meine Ponys beschreiben, die ich dressierte und in der Manege vorführte. Die vier echten Shetland Schimmelstuten sind im Luisenhof in Hagenbeck geboren und wurden für den Kinder-Circus im Tierpark ausgebildet. Die größte und

Meine vier Shetland Schimmelstuten

älteste war „Thora". Langsam und stur, listig und gefräßig. Sie war die Nummer 1, und so behandelte sie auch alle anderen Ponys. „Favoritin" war die Nummer 2, sanftmütig, verschmust mit weichem Haar und bei der Arbeit aufmerksam. Nummer 3 war die „Lustige", ein Pony, das den verkehrten Namen trug, sie hatte ein struppiges Fell, war unachtsam und eine Träumerin. Nummer 4 mit Namen „Brunelle", war immer in Bewegung und schnell, darum machte sie oft Fehler.

Wir fuhren von Stadt zu Stadt, bauten mittwochs und donnerstags den Zirkus auf, spielten bis zum Dienstag, und in der Nacht auf Mittwoch wurde abgebaut. Neue Zeltarbeiter kannten sich noch nicht besonders gut aus. Durch meine Erfahrungen bei Hagenbeck gab es vieles, was ich den Leuten zeigen konnte. Ich half mit beim Auf- und Abbau, fuhr als Beifahrer mit, hängte die Wagen an den Traktor und kuppelte auf den neuen Platz die Wagen wieder ab. Das sah mein Chef gern.

Ich unterrichtete Artisten im Reiten und ließ zwei Blumenbögen anfertigen. In Formation ritten die Drei eine Quadrille durch die Bögen. Ein kleiner Hengst und ein Rhesus- Affenmännchen wurden gekauft, und ich brachte ihm Kunststücke auf dem Rücken des Ponys bei. Eine Artistin lernte Voltigieren und zeigte akrobatische Übungen während sie durch die Manege ritt. Nun hatte ich vier Pony-Nummern, bereit für den Zirkus. Das Publikum war begeistert und wir erhielten viel Applaus.

Ich verliebte mich in Gretel, eine kleine Artistin, und die Liebe wurde erwidert. Wir machten kein Geheimnis daraus. Die Eltern meiner Freundin wohnten in Baden-Baden und ich wurde dorthin zum Essen eingeladen. Das Mahl stand auf dem Tisch, da kam ihre Frau Mutter mit einem Kruzifix in der Hand in den Raum und ging dreimal murmelnd um den Tisch. Im Moment, wo die Frau in der Küche war, sagte ihr Mann zu mir: „Nimm es meiner Frau nicht übel, sie ist nun mal so." Beim Kaffee meinte die Frau: "Wenn Sie heiraten wollen, müssen Sie katholisch heiraten." Ich erwiderte: „So weit ist es noch nicht." Gretel war das alles sehr peinlich. Ich sagte zu ihr: "Wenn du willst, kannst du im Winter mit nach Hamburg kommen."

Die Saison 1953 endete. In vielen Städten war der Zirkus ausverkauft. Schneider verdiente so viel, dass er sich ein Haus kaufen konnte und seine Fahrzeuge mit Luftbereifung ausstattete. Zwei Maler renovierten und bemalten die kleinen Gebäude der Liliput-Stadt, das Rathaus, die Post, Wurstbude, Verkaufsstand, den

Schneewittchen-Wagen und die Front vom Geschäft. Eine Gagenerhöhung für die Liliputaner war nicht drin. Meine Freundin Gretel kam nicht mit nach Hamburg, natürlich war ich verärgert.

In den Wintermonaten wohnte ich wieder in Hamburg bei Familie Köhrmann. Für einige Monate fand ich Arbeit in der Dressur –Schule. Wir dressierten dort Tiere, um sie an Zirkus-Unternehmen zu verkaufen. Bei der Übergabe musste ich die dortigen Artisten anweisen, die die Tiere vorführen sollten. Wir brachten die ausgebildeten Tiere zu Circus-Bouglione in Frankreich, zu Circus-Benneweis in Dänemark, in England zu Billy Smart, Circus-Olympia und viele andere Unternehmen.

Mit gemischten Gefühlen fuhr ich im April 1954 zurück zum Circus Schneider. Den Ponypfleger traf ich nicht an, dafür war dort ein älterer Herr, der sich Carlo nannte und elsässisch sprach, lange Haare und einen Bart hatte. Sein Anzug war ein wenig ramponiert, die ganze Gestalt hatte etwas von einem Landstreicher an sich. Im Ponywagen war ein Klappbett angebracht, dort ruhte er.

Carlo mischte den billigen Buffolino Wermut mit Coca Cola. Wenn die Flasche leer war, dann war der Mann betrunken, lag wie tot im Stall zwischen den Ponys. Woher er kam, hörte ich später. Er war der Graf Carl von und zu Ruppenthal, volldekorierter Offizier, Gut und Schloss im Elsass wurden von seinem jüngeren Bruder verwaltet.

Der Besucherstrom hielt 1954 unvermindert an. Auch die Liebe zu Gretel begann von neuen, mit Höhen und Tiefen. Der Neid und die Eifersucht der anderen wallten wieder auf, auch Frau Schneider ließ kein gutes Haar an uns. Es waren wieder neue Arbeiter zum Zeltaufbau gekommen. Ich ließ mich vom Chef überreden, den Leuten zu zeigen, wie alles gemacht wird, und ich tat mein Bestes.

Das Fahrzeug, in dem die Sitzbänke verladen wurden, brach auseinander und war nicht mehr zu reparieren. Meine Meinung: Wir brauchen einen Tieflader! Direktor Schneider kam strahlend mit einem Wagen an, gebraucht gekauft, ich war enttäuscht: Das Fahrzeug hatte eine Kranz-Achse an der Deichsel. Wenn man so ein Anhänger nur ein wenig nach irgendeiner Seite stärker belädt, kippt es über die Deichsel nach der Seite um. Ich hatte so etwas bei Hagenbeck erlebt. Als der Chef von mir hören wollte, wie ich den Wagen finde, sagte ich nur: „Sie haben einen Umkipper gekauft."

Alle lachten, nannten mich einen Spinner. Der Abbau-Tag kam, der Wagen wurde beladen, aber bei der Auffahrt auf die Bahnrampe kippte das Fahrzeug um.

Man machte mich jetzt zum Regisseur, ich bekam die Trillerpfeife und wurde der meist gehasste Mensch am Zirkus. Ich trieb die kleinen Leute an, dass sie die Vorstellung in 45 Minuten schafften. Bei großem Andrang ließ ich eine Pony- und eine Tanz-Nummer aus dem Programm nehmen und die Vorstellung dauerte nur noch 35 Minuten. In Städten, wo es keine Polizeistunde gab: Bad Dürkheim, Pützchen Markt in Bonn-Beuel, Deggendorf und noch andere Orte, trieb ich die Vorstellungen auf zwölf Stück am Tag, die erste um 11 Uhr, die letzte um 1 Uhr in der Nacht. Manchmal an vier Tagen hintereinander. So liebte mich plötzlich die Direktion für meine Arbeit. Die Artisten und auch meine Freundin waren da anderer Meinung, unsere Liebe zerbrach.

In meinem nachtblaum Dressurfrack, weißer Fliege und weißem Hemd und Lackschuhen, sah ich gut aus. Während der Pony-Nummer war die Manege blau beleuchtet. Die Geschirre der Ponys strahlten, ich trug dazu den blauen Frack. Auch ein rotes Reitjacket mit Reithose und Stiefel hatte ich. Ich war schlank und in den letzten fünf Jahren ein gutes Stück auf 1,39 Meter gewachsen. Darüber wunderten wir uns, war ich doch schon 24 Jahre alt. Nach den Aufführungen, wenn ich mit den Ponys zurückkkam, standen oftmals eine oder mehrere Frauen am Stall. Sie wollten mit mir ausgehen. Das erste und zweite Mal war ich noch schüchtern, doch von Stadt zu Stadt wurde ich sicherer. Aus Neugierde hatten die Frauen mich zum Essen oder Tanzen eingeladen und anschließend… der Genießer schweigt. Wir fuhren in Landgasthäuser und „nächtigten" dort. Am nächsten Tag war diese Episode vergessen, eine Neue stand am Wagen und der Ablauf war fast derselbe. Die Frauen schenkten mir Hemden, Krawatten, sogar ein paar Schuhe brachte man mir.

Im Zirkus war ich zum Einzelgänger geworden und ein harter Regisseur. Als mich ein Artist „Direktions-Arschkriecher" nannte, verprügelte ich ihn. Meine Arbeit leistete ich hundertprozentig, damit keiner mir etwas anhängen konnte. Der Direktor hatte mir diesen Posten gegeben und ich führte ihn aus. Die Zirkuswagen sollten wieder zur Bahn gefahren und verladen werden. In der Bahnmeisterei hatte ich am Vormittag stabile Rungenwagen bestellt. Als ich nach dem Abbau mit dem ersten Wagen ankam, hat Schausteller Thies, der die „Steile Wand" hatte (Motorrad

Akrobaten), vier von unseren Waggons mit seinen Wagen besetzt. Ich ließ mich auf kein Gerede ein und sagte nur: „20 Minuten haben Sie Zeit die Loren freizumachen, andernfalls lasse ich sie räumen." Er musste die Loren frei machen, und ab dem Tag war ich auch ein Feind der Schausteller. Ich hatte damit keine Probleme.

In Erbach im Odenwald war 1955 Kirmes und Turnierreiten. Der Graf zu Erbach-Erbach gab mir die Erlaubnis, mit einem Doppelgespann und Kutsche Reklame zu fahren. Ich spannte einen kleinen Hengst und einen Wallach vor die Kutsche. Lud ein paar Kolleginnen ein, und ab ging die Fahrt. Die kleinen Frauen schrien, aber ich ließ die beiden Ponys galoppieren, dass die Kutsche hüpfte und sie noch lauter schrien.

Der Graf steckte mir am Rock eine Medaille an, ich meinte nur: „Och, hängen Sie die Medaille meinen Ponys an, die haben sie verdient." In einem weiteren Gespräch lud der Graf alle „Kleinen" zur Besichtigung des Schlosses ein. Am nächsten Tag führte er uns durch die Räume des Schlosses, die voll mit alten Kutschen, uralten Gewehren und

Circus Reklame Fahrt in Erbach

Kanonen waren. In dem kleinen Fluss Erbach sah ich kapitale Forellen schwimmen, als Angler schlug mein Herz höher, und ich fragte den Grafen, ob ich mal Angeln dürfte. Er schrieb mir eine Erlaubnis aus, ich sollte mich damit beim Förster melden. An einem Vormittag war ich beim Förster, es war ein sehr übellauniger Mann. Trotz der Erlaubnis durfte ich nicht angeln, ich war sehr sauer.

Mit dem alten Carlo, dem Ponypfleger, bekam ich oft Ärger. Eines Tages sagte ich zu ihm: „Die Stute „Lustige", wird ja immer dicker, fütterst du die zu stark?"

In Zweibrücken bekam ich dann eine Antwort: Sie brachte ein Fohlen zur Welt. Carlo hatte den Hengst zu der Stute gelassen. So etwas durfte nicht passieren. Ich redete mit Direktor Schneider, er sollte den Carlo aufklären und zurechtweisen.

Daraufhin verschwand Carlo und kam nach einer Woche erst wieder. Ich konnte nicht verstehen, dass so ein Mann, Guts- und Burgbesitzer, als Pferdepfleger mit einem Zirkus umherreiste.

In Regensburg geschah ein noch größeres Unglück. Der Elektriker hatte an dem Zeltmast aus Stahl, einen Scheinwerfer angebaut. Er hatte aber nicht bemerkt, dass er unter dem Eisenscharnier das Stromkabel eingeklemmt hatte, und das so stark, dass dieses Kabel brach und nun blank am Mast hing. Wenn der Wind das Zelt bewegte, drückte es das blanke Kabel immer wieder an den Mast. Dadurch standen Zeltmast und die Spanndrähte, die nach außen führten, unter Strom. Carlo brachte den Hengst, auf dem der Rhesusaffe ritt, nach dem Auftritt in den Stall und band das Pony an die Abseglung am Zelt. Ich war mit meinen vier Ponys noch in der Manege und merkte, dass die Tiere am Mast scheuten und einen Bogen liefen, aber ich dachte nicht weiter darüber nach, meine Nummer war beendet. Die Ponys liefen in den Stall am Hengst vorbei, der aber auf der Erde lag und sich nicht bewegte. Dafür schrie der Affe fürchterlich. Ich band den Hengst los und merkte nun, dass das Tier tot war. Ich lief zurück in die Manege und sagte die nächste Nummer an, damit das Programm weiterlief. Ich rief Carlo zum toten Pony und fragte ihn: „Was hat das Tier gefressen oder getrunken?" Direktor Schneider kam, sagte zu mir: „Du Idiot, was hast du mit dem Tier gemacht?" Ich antwortete: „Der Hengst ist tot. Die Frage ist jetzt, was ist mit dem Tier geschehen?" Der Direktor fasste an die Abseglung, bekam einen Stromschlag und ging in die Knie. Nun kannten wir die Ursache, und der Fehler wurde gesucht und gefunden. Es gab eine große Diskussion um den Tod des Hengstes. Die Ponys hatten bemerkt, dass um den Mast in der Erde Strom war, und sind dem ausgewichen.

Das Wort „Idiot" aus dem Munde vom Chef tat mir sehr weh. Seine „Freunde", wie er uns nannte, wenn Behörden oder Zeitungsleute anwesend waren, waren wir bestimmt nicht. Ich sagte zu ihm: „Sollten Sie mich vor den Artisten noch einmal beleidigen, werde ich noch am selben Tag meine Sachen packen und verschwinden. Außerdem möchte ich einen anderen Pferdepfleger." Ich wusste, den gab es nicht, aber der Schneider sollte wissen, dass ich dem Carlo nicht mehr traute. Für die kommende Saison 1956 wollte man mir einen anderen Mann geben. Ich baute auf dieses Versprechen.

Herr Schneider wollte, dass ich nach dem Mittagessen in seinen Wohnwagen komme. Aha, dachte ich, da läuft etwas, mal hören, was er will. Ich erschien und bekam zu hören, dass nicht in Waldkirch überwintert werden sollte, sondern in Erbach. Dort wären schon Stallgebäude gepachtet worden, und ich würde in der Gaststätte Wolfsschlucht bei Familie Storck ein Zimmer bekommen. Ich meinte: „Da soll ich also von Dezember bis April die Ponys betreuen, dass kommt gar nicht in Frage. Ich habe Anspruch auf Urlaub, und den möchte ich haben. Außerdem werde ich in diesen Monaten weiterhin meine Gage sowie Kost und Logis erwarten." Das tat dem Schneider weh, da er meinte, im Winter hätte er ja keine Einnahmen. Ich lachte, was die „Dame des Hauses" sehr verbitterte. Sie sagte: „Sie müssen sozial denken." Daraufhin erwiderte ich: „Haben Sie in den letzten Jahren mal sozial an uns kleine Artisten gedacht?" Wir einigten uns darauf, dass ich bis Februar die Tiere betreue.

Die letzte Stadt, in der wir spielten war Weinheim, nicht weit von Erbach entfernt. Vier Tage lang zeigten wir dort unser Programm, an einem Dienstag wurde abgebaut. Die kleinen Artisten fuhren mit dem Sonderzug nach Erbach. Wohn- und Packwagen kamen in die Wagenschuppen am Sportplatz, der war sehr groß, und man konnte vom Wagen bis Traktor alles unterstellen. Die Stallungen für die acht Ponys und Rhesusäffchen waren in der Nähe vom Gasthaus Wolfsschlucht, ich hatte keinen weiten Weg dorthin. In der Gaststätte hatte ich ein Zimmer unter dem Dach, und mein Radio durfte ich spielen lassen. Frau Storck war etwa 50 Jahre, zierlich und immer in Bewegung. Heiner Storck war ein wenig langsam und bediente die Gäste.

Zwei Pensionäre wohnten mit im Gasthof. Es wurde viel erzählt und Skat gespielt. Nachdem ich die Tiere versorgt hatte machte ich Spaziergänge in der kleinen Stadt. Besuchte das Schlosskaffee, die charmante Kellnerin war eine nette Gesprächspartnerin. Ich wanderte zum hübschen Städtchen Michelstadt, versuchte verzweifelt noch mal beim Grafen angeln zu dürfen, doch der alte Waldschrat von Förster duldete es nicht. So blieb es beim Stapfen durch den Schnee oder bei Skatrunden. Einmal im Monat wurde beim Wirt geschlachtet, dann musste seine Frau schuften, und der Mann schimpfte rum mit flapsigen Worten. Das Ehepaar ging aber jeden Sonntag zur Kirche und betete am Mittagstisch.

Ende Januar stand plötzlich der kleine Richard Minkner vor mir, er war meine Ablösung und sollte sich um die Tiere kümmern. Mit Richard, der kleiner und auch nicht so kräftig war wie ich, besprach ich alle Arbeiten, die anfielen. Er möchte nicht zu viel füttern und die Tiere sauber halten, damit die Schimmel im Fell nicht gelb wurden. Ich würde ein paar Tage vor Abfahrt in die Saison nach Erbach kommen und ihm beim Einzug der Ponys in den Transportwagen helfen.

Ich reiste wieder zu meiner Familie in den Urlaub und freute mich auf das Angeln. Diese drei Wochen Urlaub daheim waren prima. Ich habe oft im Kremper Krug gegessen. Der Nazi-Gastwirt hatte die Gaststätte aufgegeben, der neue Wirt war weitläufig mit meinem Vater verwandt und gelernter Koch. An jedem Freitag gab es ein Spanferkel-Essen mit Sauerkraut und Kartoffelpüree. Ich war sein bester Gast. Auch beim Angeln hatte ich Erfolg und fing viele Barsche, die ich sauber machte und beim Wirt in seiner Kühltruhe einfror. In den drei Wochen habe ich 60 Barsche gefangen. 20 Stück bekam Mutter, 20 Stück der Gastwirt, die letzten 20 nahm ich im gefrorenem Zustand mit nach Hamburg.

Frau Köhrmann machte uns ein leckeres Essen mit gebratenen Barschen, die in Zwiebeln, Gewürzen und Essigsud eingelegt waren und prächtig zu Bratkartoffeln mundeten. Ab und zu machte ich beim jungen Emil Köhrmann den „Bereiter", wenn er neue Ponys dressierte. Ich besuchte Werner Behrens und er erzählte mir eine Neuigkeit. Ab Juni soll er im Baseler Zoo Chef über die acht Elefanten werden. Es war sogar ein Elefantenbulle dabei, ein Afrikaner. Die afrikanischen sind vom Wesen her aggressiver und eignen sich nicht so gut zum Dressieren. An einem Samstag hatten mich zwei alte Kollegen, die mit mir 1948 als Lehrlinge in der Dressur-Halle anfingen, zu einer Abschiedssause über die Reeperbahn eingeladen, auch Werner war mitgekommen. Mit einem leichten „Glimmer" durchquerten wir auch die Herbertstraße. Die Damen boten mir an ohne Bezahlung zu „bumsen". Doch der Reeperbahnbummel ging ohne dergleichen zu Ende.

Meine Fahrt nach Erbach trat ich rechtzeitig an, ich wollte Richard helfen, alles für die Saison zu packen. In der Wolfsschlucht bekam ich wieder ein Zimmer. Die beiden Pensionäre wohnten noch dort und erzählten, dass der Wirt seine Frau immer noch schlecht behandelte, sie sogar schlug. Ich sagte zum Wirt: „Unser Herrgott sieht alles und bestraft alle, die Frauen schlecht behandeln. Der Tag der Strafe kommt bestimmt und überraschend." Er fasste mich am Jackett und zog mich hoch. Angriff ist die beste Verteidigung, ich traf den Mann mit meinem Knie zwischen die Beine. Er ging in die

Hocke, ich schüttelte seine Arme von mir und schlug ihn mit linker und rechter Faust unter das Kinn. Der Gastwirt fiel um. Richard und die beiden älteren Herren grinsten, sagten aber kein Wort. Ich machte mich aus dem Staub. Richard kam mit meinen Sachen, der Wirt hatte alles aus meinem Zimmer geschmissen. Ich zog dann in mein Wohnwagenabteil.

Aachen war die erste Stadt, in der wir den Zirkus 1956 aufbauten, danach sollte es weiter nach Holland gehen. Es gab keinen neuen Pferdepfleger, sondern Carlo war wieder da. Ohne Bart und sauber angezogen. Die Karnevalszeit war zu Ende, der Besuch war schlecht. Die Leute hatten kein Geld, das war für den Karneval ausgegeben worden und

vieles brachten sie ins Pfandhaus. Überall miese Stimmung. Nun ging es im Sonderzug rüber nach Holland ins kleine Städtchen Zwolle. Deutsche waren in Holland noch nicht gerne gesehene Gäste. Beim Aufbau des Zeltes und bei allen anderen Arbeiten waren Vertreter der Stadt und die Polizei anwesend. In den Städten waren viele Plätze mit Klinker-Brandsteinen gepflastert, jeder kaputte Stein wurde mit einem Gulden berechnet. Dort wo die Zeltanker eingeschlagen wurden gingen die Steine kaputt. Der Beamte notierte alle 60, Steine die beim Aufbau zerbrachen.

Am ersten Tag kamen wenige Leute, aber in den folgenden Tagen konnten wir die Besucher nicht fassen. Die erste Vorstellung begannen wir schon morgens um 10 Uhr. Eine Sympathiewelle ging durch die niederländische Presse, und der Besucherstrom in jeder Stadt war enorm. Direktor Schneider wollte in der nächsten Stadt keine zerstörten Steine bezahlen und fragte vor dem Aufbau: „Wie habt ihr bei Hagenbeck dieses Problem gelöst?" Ich nahm das Bandmaß und zeichnete aus der Mitte des Platzes die Rundung des Zeltes auf, dort wo ein Anker eingeschlagen werden musste, bekam der Stein ein Kreide-Kreuz. Ich nahm zwei Schraubenzieher, entfernte die Erde aus den Rillen um den Stein und hebelte nun den Stein mit dem Werkzeug heraus. Alle Steine blieben heil und wurden sorgfältig abgelegt. In diese freien Stellen wurden die Anker eingeschlagen, später, beim Entfernen der Anker, wurden die Steine wieder eingesetzt. Der Chef klopfte mir auf die Schulter, sah aber nicht sehr glücklich aus, er wäre wohl lieber selbst auf die Idee mit den Schraubenziehern gekommen.

Die Monate in Holland haben den Schneider reich gemacht. In jeder Stadt stürmten die Menschen den Liliput- Circus. Die holländischen Schausteller beschwerten sich beim Bürgermeister, da sie wenig Besucher abbekämen. Man zwang uns auf einen Nebenplatz aufzubauen und nicht mit auf dem Kirmesplatz. Es stellte sich heraus,

Der Liliputaner Circus in Zwolle, Holland 1956

dass dieses für die holländischen Schausteller noch fataler war, die Leute kamen zu uns und gingen dann nach Hause und nicht mehr über den Festplatz.

Wir Liliputaner wurden von Presse, Vereinen und Privatleuten eingeladen. Viele Zeitungen zeigten Bilder vom Zirkus. Wir fuhren an die Nordsee, zur Miniatur-Stadt „Madurodam", zum Keuken- und Rosenhof und wurden zu allen feierlichen Anlässen eingeladen. Sogar die Königliche Familie kam zu uns, und wir mussten die Herrschaften begrüßen. Wir hatten Leute und Land beeindruckt.

Eine Gruppe „Jehovas Zeugen" hatte uns eingeladen, in ihren Autos mit an die Nordsee zu fahren. Zum Leuchtturm „Egmond am See". Es war ein warmer Tag und einige Liliputaner zogen Schuhe und Strümpfe aus und planschten im Wasser, sprangen von Stein zu Stein und freuten sich diebisch wenn einer abrutschte und ins Wasser fiel. Natürlich machte unser Kleinster, Helmut Döring, auch mit. Alles lachte, alles kreischte, und plötzlich war der Helmut weg. Unerwartet sehe ich zwischen den großen Steinen einen kleinen Arm wedeln. Ich springe die drei bis vier Meter von Stein zu Stein, rutsche auch ab, aber bekomme Helmut zu fassen. Er lag

Artist Helmut Döring 1955

eingeklemmt zwischen zwei Steinen, und die Wellen schlugen über seinen Kopf zusammen. Er drohte zu ertrinken. Ich riss ihn aus seiner verzweifelten Lage und schleppte ihn an den Strand, wo zum Glück eine von den Frauen erste Hilfe leisten konnte. Ich war nass und grün von den Algen, die auf den Steinen waren und sich an meiner Kleidung festgesetzt hatten. Helmut spuckte das Wasser aus seinen Lungen und war nach einigen Minuten wieder wohlauf.

In Holland war alles viel billiger als in Deutschland, vor allem Kaffee. Vor der Abfahrt zurück nach Deutschland organisierte ich zwei 10-Pfund-Eimer mit Kaffee. Diese Versteckte ich im Kellerkasten unter dem Pferdewagen, setzte Brikett und Brennholz davor und ließ den Pferdewagen auf einen Rungenwagen der Bahn schieben. An der Grenzstation Vaals, in der Nähe von Aachen, kam der Zoll und alles wurde untersucht, aber nichts Verdächtiges gefunden. Der Sonderzug von Schneiders Liliputaner Circus fuhr durch bis Ulm an der Donau. Es war Herbst und kalt, aber das Warmluftgebläse machte das Zelt angenehm warm für die Artisten und Zuschauer.

Schon in Holland hatte ich mit Richard Minkner, Richard Pohl und Paulchen aus Berlin eine Skatrunde gebildet. 1957 in Ulm suchten wir in der Nähe vom Kirmesplatz ein Lokal, in dem wir etwas trinken und Skat spielen konnten. Wir fanden eins, und beim Eintreten glaubte ich zu träumen: Dort saß die Frau, die ich 1949 auf dem Hamburger Dom nach dem Sturm kennengelernt hatte. Ich hatte sie ab und zu auch auf anderen deutschen Festplätzen gesehen, mit ihrem Freund, ihr Name war Ilse Lecat. Ilse war mit einer Freundin dort im Lokal und schaute traurig. Nach der Frage, ob wir uns zu ihnen setzen dürfen, nahmen wir am Tisch Platz und begannen miteinander zu reden. Wir hörten, dass ihr Freund verschwunden war. Er hatte Geld aus der Kasse seines Arbeitgebers unterschlagen und sich davon gemacht. Nun war sie Geschäftsführerin geworden, aber immer noch traurig über den Verlust des Freundes. Doch meinte sie, wenn er zurückkäme, wäre keine neue Freundschaft möglich. Wir fanden uns jeden Abend nach der letzten Vorstellung in diesem Lokal ein, spielten Skat, oder ich plauderte mit ihr. Ich erfuhr, dass sie in Reichenbach in der DDR zu Hause war, aber nicht dorthin zurück durfte. Die Behörden dort hatten sie als „unerwünschte Person" eingestuft. Seit 1948 hatte sie ihre Eltern nicht gesehen, und ihnen nur schreiben können. Sie reiste jetzt mit dem Schaugeschäft umher.

Wir sahen uns auch in Lahr und Augsburg und verbrachten viele Stunden zusammen. In Hamburg auf dem „Winterdom" sollte der letzte Aufbau ihrer Show für dieses Jahr sein. Da war ich glücklich, denn auch Schneider wollte zum ersten Mal in Hamburg auf dem Heiligengeistfeld den Zirkus aufbauen. So sagte ich zu ihr: „In Hamburg treffen wir uns in der Gaststätte „Zur windigen Ecke" direkt am Dom." Im November fanden wir zwei uns dort im Lokal und eine Liebe begann, die ganz anders war als alles andere vorher. Ich war krank, wenn ich diese Frau zwei Tage nicht sah. Die Wirtin sagte mal: „Na, hat es bei euch beiden eingeschlagen?" Da antwortete ich: „Es brennt schon." Ilse war 29 Jahre jung und 1,65 Meter groß, hatte kastanienbraunes Haar das bis über die Schulter reichte. Sie arbeitete als Akrobatin, als Gummi-Mensch. Sie konnte ihren Körper und Gelenke so biegen, das sie mit dem Kopf durch die Beine kam und die Leute anschaute. Ich befürchtete, sie zerbricht dabei. Die Münchner Show, mit der sie auftrat, nannte sich „Rote Mühle".

Ilse 1957

Ilse blieb in Hamburg und wohnte bei Müllers, einem älteren Ehepaar, das ich kannte. Sie hatte dort in der Thadenstraße ein kleines Zimmer bekommen. Ich wohnte wieder bei Familie Köhrmann. Ich erzählte den Köhrmanns von Ilse und dass wir zusammenbleiben wollten, da wir es ernst meinten. Am zweiten Weihnachtstag lud ich Ilse ein zum Essen bei Köhrmanns. Emil Senior kam mit dem Zollstock und meinte zu mir: „Stell dich an die Türzarge, ich will messen, wie viel du von 1948 bis heute gewachsen bist, damals warst Du 1,04 Meter und heute, ja genau, 1,45 Meter." Ich war 27 Jahre alt und wuchs immer noch.

Wenn der junge Köhrmann mich beim Dressieren brauchte, ging ich in die Dressur-Schule. Ich besuchte die Tierpfleger bei Hagenbeck und ging auch zu den Elefanten, die Herr Theisinger betreute. Werner Behrens war im Baseler Zoo der Elefanten-Dresseur geworden und wurde berühmt, denn er ließ seine Elefanten im Stadtpark frei laufen, auch den Bullen. Bei einem Pfiff kamen die Tiere an seine Seite. Als wir 1958 mit dem Zirkus in Freiburg waren, besuchte mich Werner. Mit seinem Motorrad fuhren wir nach Basel in den Zoo und er zeigte mir seine Elefanten.

Die Saison 1958 begann im April. Ilse musste nach München fahren, ich nach Soest in Westfahlen. Unser Abschied war hart, aber wir versprachen Treue und Zusammenhalt. Der Festplatz in Soest stand unter Wasser, die Feuerwehr versuchte das Wasser abzupumpen, die Stadt brachte Schlacke drauf, dann wurde es etwas besser. Im Zelt wurde Stroh ausgelegt, damit das Tuch nicht nass und schwarz wurde. In der Manege breitete ich Lehm und Sägespäne aus. Darauf ließ ich die Ponys so lange laufen, bis sich die Späne mit dem Lehm verbunden hatten und nichts mehr staubte.

Herr Schneider hatte zwei kleine graue gut zueinander passende Hengste gekauft. Mit den Ponys wollte ich eine neue Dressur einstudieren. Ich brauchte eine Ampel, Polizeimütze und Koppel. Die Ampel baute unser Elektriker den Rest erhielt ich von einer Polizeiwache. Nun sprach ich mit dem Elektriker, der musste bei der Nummer helfen. Ich wollte, dass er die Ampel steuerte, wenn ich die Ponys vorführte. Wenn das eine Pony bei Rot rüberlief, musste das andere als Polizist es zurückdrücken, dafür bekam das eine Pony die Mütze auf und den Koppel um. Nach zwei Monaten war es so weit, dass die Ponys ihre Arbeit im Zirkus zeigen konnten. Die Kinder begriffen die Ampel-Nummer sofort und waren begeistert. Wenn das erste Pferd bei Rot rüberlief und das andere es als Polizist zurückdrängte, lachten sie. Wenn es bei Grün nicht laufen wollte, drückte das andere Pony wieder. Die Kinder durften die Pferdchen auch streicheln. Sogar in den Zeitungen standen später Berichte über dieses Pony-Lehrstück.

Zirkusdirektor Franz Althoff und seine Schwester sahen die Nummer. Er sagte zu mir: „Auf diese Dressur können Sie stolz sein." Sein Bruder Adolf schlug mir auf die Schulter und meinte: „Das ist etwas Neues." Von Schneider kam kein Kommentar. Für die Arbeit wurde ich bezahlt und ich machte, was ich bei Hagenbeck gelernt hatte.

Auf manchem Festplatz standen die „Rote Mühle" und der „Circus Schneider" gemeinsam. Natürlich hatten schon alle gemerkt, dass Ilse und ich ein Paar waren, und später in Stuttgart verlobten wir uns. Nun kam eine Geschichte dazwischen, die mich enorm störte, aber ich musste den Mund halten, denn meine Arbeit wollte ich bis Ende der Saison behalten. Herr Schneider hatte zur Ilse gesagt, was sie an dem kleinen Gnom hätte, er wäre doch ein richtiger Mann und sie solle doch lieber mit ihm ausgehen. Ilse antwortete, dass der kleine Gnom ihr lieber wäre als ein reicher Zirkusbesitzer und spuckte ihn an. Daraufhin verbot er Ilse das Betreten seines Zirkusgeländes. Wir trafen uns von nun an außerhalb und in Gasthäusern am Stadtrand, dort haben wir gegessen, geschlafen und uns geliebt. Es war immer ein

Erlebnis, wenn wir uns nach vielen Wochen der Trennung wiedertrafen. Die Liebe zwischen uns wurde noch intensiver.

Auf dem „Cannstatter Wasen" wurde ein großes Volksfest abgehalten. Für 16 Tage wurden dort Zelte und das Neueste an Fahrgeschäften und Karussells aufgebaut. Wir hatten wieder einen Kopfplatz mit dem Zirkus, da mussten alle Besucher vorbei. Und so war das Geschäft wieder hervorragend für „Circus Schneider". Auch die „Rote Mühle" war dort, mit Ilse. Wir sahen uns täglich und speisten abends spät bei Tante Malchen, die eine Hähnchenbraterei mit Ausschank betrieb. Ab 22 Uhr kamen viele Schausteller zum Essen und Trinken dorthin. Einige kannten und begrüßten uns. Der Chef von der Roten Mühle mochte mich nicht, weil ich mit seiner Geschäftsführerin verlobt war. Er begann Streit mit mir, und die Schausteller hörten zu. Ich ließ ihn reden. Als er merkte, dass ich ihn nicht beachtete, begann er Ilse zu beleidigen und nannte sie sogar eine Nutte. Da wollte ich auf ihn los, man hielt mich fest, und andere Schausteller warfen den Mann raus.

Zehn Tage hat Ilse noch in der Show gearbeitet, dann warf sie einfach ihre Arbeit hin und fuhr nach Hamburg. In einem Brief stand, dass sie schwanger wäre, sie war bei einer Ärztin, die hatte es bestätigt. Mein Gott, war ich glücklich! Ich erzählte in der Garderobe allen Kollegen, dass ich Vater werde. Frau Schneider sagte: „Hoffentlich wissen Sie auch genau, dass Sie der Vater sind." Ich sagte darauf: „Hoffentlich wissen Sie, wer der Vater ihrer drei Kinder ist." Die Frau verlor jede Fassung und lief zu ihrem Mann. Der kam wutentbrannt auf mich zu, aber meine kleinen Kollegen stoppten ihn und erzählten, dass seine Frau angefangen hatte. Er ging weg, und als er wiederkam sagte er zu mir: „ Ich schäme mich für meine Frau, wir möchten uns entschuldigen."

Cannstatt war beendet und meine Verlobte in Hamburg. Wir hatten besprochen, dass sie zu Emil Köhrmann geht, der ihr von meinem Gesparten geben sollte. Damit konnte sie bei „Simnik", dem Wohnwagenhändler in Hamburg, einen 6-Meter-Wagen kaufen. Beim Bürgermeister, Herr Vorburg im Ortsteil Stellingen, beantragte sie einen Stellplatz für den Wohnwagen. Wir bekamen einen an der Volksparkstraße, Ecke Lederstraße. Alles klappte, ab Oktober wohnte Ilse im Wohnwagen auf dem Platz in Stellingen.

Schneider war von Canstatt aus nach Berlin gefahren, Zelt und Liliput-Stadt wurden komplett in der Deutschlandhalle aufgebaut. Es wurde schwierig mit den Halteseilen und Abseglungen. Der Fußboden der Halle bestand zum Teil aus Beton, zum Teil aus Holzbohlen. Die Leitung der Halle entschied sich, in den Beton und in die Holzbohlen einige Eisenringe mit sehr starken Schrauben anzubringen. Da in der Halle kein Wind war, hielten die Schraubringe die Last des Zeltes.

In den Messehallen waren Ausstellungen von Produkten der Industrie. An jedem Ausstellungsstand, an den wir Halt machten, wurden wir fotografiert. Ich habe mit meiner Kamera auch gern fotografiert und in den Wintermonaten die Fotos sortiert und in mein Album geklebt. Ein paar hundert Fotos sind es geworden, und ich kann jedes Jahr unserer Reisen und Auftritte dokumentieren.

Wieder auf dem Hamburger Dom angekommen, sagte ich zum Schneider: „Allen Ponys müssen die Hufe beschnitten werden, und ein Tierarzt soll die Zähne untersuchen." Vom Veterinäramt wurden ein Schmied und ein Tierarzt geschickt. Der Arzt bestätigte den guten Zustand der Tiere, rief aber einen Kollegen, der mit Gebiss-Sperre, Elektroschleifer und Spülpumpe anrückte. Er schliff die Zahnkanten und kürzte die vorderen Ober- und Unterzähne. Nun konnten die Ponys ihr Futter wieder gut kauen. Der Schmied reinigte den Strahl im Huf, schnitt das Horn zurecht und brannte es danach mit einem glühenden Hufeisen in Form.

Von 15 bis 23 Uhr war der Dom geöffnet und gut besucht. Wir waren erst zum zweiten Mal mit dem Zirkus hier. Es kamen die Köhrmanns mit den Tierwärtern von Hagenbeck. Meine Schwestern Irmgard, Erika, Anke und Renate kamen und meine Eltern mit den Brüdern Werner und Peter, im Auto meines Schwagers. Überraschend besuchte mich auch mein Bruder Heinrich im Zirkus. Er war inzwischen Polier geworden und arbeitete beim Bau des neuen Universitäts-Gebäudes in Hamburg.

Unser erster Wohnwagen, Hamburg Stellingen 1959

Mein Bruder brachte Brennholz, vom Kohlenhändler Schwartau ließ ich Briketts zum Wohnwagen liefern. Der Zirkus wurde mit Warmluft beheizt, und um die Rundleinwand hatte eine Baufirma einen hohen Windschutz aus Brettern gebaut. Ich kam auf die Idee, wenn der Dom zu Ende war, von diesen Brettern die besten zu kaufen. Als die Wand abgerissen wurde, sortierten mir die Arbeiter die Besten heraus. Mit einem Transporteur ließ ich sie zum Wagen nach Stellingen fahren. Mein Bruder baute mir daraus eine Veranda für den Wohnwagen, dort sollte die Küche entstehen und der Kinderwagen seinen Platz haben.

In Hamburg war der letzte Tag des Winter-Dom 1958, Frau Schneider hatte auch Geburtstag und zur Feier das Schiff „Wappen von Hamburg" reserviert. Nach dem Essen, als drei Musiker spielten und man tanzen konnte, kam Direktor Schneider zu mir und meinte: „Sie haben noch keinen Vertrag für 1959 unterschrieben." Ich antwortete: „Daraus wird auch nichts werden." Zu den Musikern gewandt, sprach ich: „Jungs, einen Tusch bitte!" Ich stand auf einem Stuhl und sprach die Liliputaner-Kollegen an: „Meine lieben Liliputters, im nächsten Jahr und auch weiterhin müsst ihr ohne Waltino auskommen. Ich bleibe in Hamburg und heirate meine Ilse." Es war totenstill, bis der Schneider gebrochen sagte: „Du kannst uns doch nicht mit all den Tieren sitzen lassen, wer soll die weiter vorführen?" Die Frau Schneider sagte hämisch: „Das hätte ich von Dir nicht erwartet." Bei den Artisten verabschiedete ich mich. Sie hatten genug Erfahrung mit den Tieren und kamen auch ohne mich zurecht. So ging im Dezember 1958 meine Artisten und Zirkuszeit zu Ende.

Unser Aufgebot war zum 16. Dezember 1958 bestellt. Im Rathaus Stellingen wurden wir standesamtlich getraut. Mit Geschwistern und Freunden feierten wir, und am nächsten Tag fuhren wir nach Altenkrempe. Wir wollten auch kirchlich heiraten. Mein Vater schluckte und Mutter weinte vor Glück, als sie uns sahen. Meine Geschwister mochten Ilse vom ersten Moment an. Unser Erscheinen wurde im Dorf bemerkt. Die Nachbarn und meine ehemaligen Schulfreunde besuchten uns bei meinen Eltern. Frau Buhrmann kam und bestimmte, dass wir bei ihr wohnen sollten. Am Abend kam der Herr Pastor, er war erst seit Kurzem im Dorf und wir kannten uns noch nicht. Ich erzählte ihm allerlei von unserer Familie, über meine Frau und mich. Er brauchte ja Material für seine Predigt am nächsten Tag. Ich hatte Mutter gebeten, nur wenig Leute und nur aus unserer Familie einzuladen.

Um 11 Uhr begann unsere kirchliche Hochzeit in der dreischiffigen Basilika von Altenkrempe. Das Glockenläuten weckte alte Erinnerungen. Der Weg zur Kirche von meiner elterlichen Wohnung betrug nur 100 Meter. Viele Freunde und Nachbarn kamen aus den umliegenden Dörfern und wünschten uns Glück. Aus Kiel kamen die Köhlers, sie waren unsere Trauzeugen in der Kirche. Die Orgel spielte, der Pastor begrüßte alle und begann die Trauung mit seiner Rede. Nach der Kirche wurde bis spät in die Nacht gefeiert. Mein Vater war eisern, er blieb nüchtern, der neue Pastor auch. Am Morgen gingen wir erschöpft ins Bett. Zwei Tage später fuhren wir mit dem Zug zurück nach Hamburg. Zu Hause sah ich meine Kamera, keiner hatte an Hochzeitsfotos gedacht.

Ilse fühlte sich nicht gut, sie hatte Blutungen. Ich rief von der Telefonzelle am Wohnwagenplatz einen Krankenwagen, und man fuhr sie ins Eppendorfer Krankenhaus. Als ich zu Ilse wollte, brachte mich die Schwester in ein Ärztezimmer. Der Arzt dort sagte mir, das Kind wäre eine Totgeburt gewesen und meiner Frau ginge es nicht gut, ich solle am nächsten Tag wiederkommen. In einer Gaststätte betrank ich mich. Irgendwer muss mich zu unserem Wohnwagen gebracht haben, dort weckte mich die Kälte. Der Ofen war ausgegangen. Am nächsten Tag besuchte ich Ilse im Krankenhaus. Sie war sehr schwach. Weinend erzählte sie, dass das Kind sich in der Nabelschnur verdreht hatte und tot war, als es geholt wurde. Es war ein Junge. Zwei Wochen musste meine Frau noch im Krankenhaus bleiben, ich bin traurig heimgefahren.

Ilse erholte sich langsam, und nach einiger Zeit wollte meine Frau wieder arbeiten gehen, bei Reemtsma in der Zigarettenfabrik. Sie bekam dort Deputat-Zigaretten. Ich musste feststellen, dass meine Frau nun rauchte und trotz meiner Abneigung dabei blieb. Ich bekam auch zu tun, den Wagen warm halten war das erste. Anmelden im Einwohneramt, arbeitslos melden, Arbeit suchen und immer wieder am Wohnwagen arbeiten. Einen doppelten Fußboden einbauen, die Veranda innen mit Styropor-Platten abdichten und darauf Holzspanplatten nageln. Als ich damit fertig war, wurde ein kleiner Küchenschrank gekauft. Montags ging ich zum „Stempeln" um freitags mein Arbeitslosengeld zu holen. Als Verheirateter bekam ich 48 Mark in der Woche.

Im April 1959 kam ein Mann mit seinem Wohnwagen auf den Platz. Der Bürgermeister hatte ihn zu mir geschickt, ich sollte ihm einen Standplatz zuweisen. Ich sagte: „Ich bin kein Platzwart, aber es sind einige Stellflächen frei." Er wollte neben mir stehen, doch ich meinte: „Dort will ich drei Stützen setzen und eine Wäscheleine zum Trocknen ziehen." So nahm er mehr Abstand. Wir unterhielten uns und ich fragte ihn: „Du hast einen weißen Kittel an, bist du Maler oder Maurer?" Er antwortete: „Ich bin Maler für Reklame und Schriften, wir haben viel zu tun. Komm doch morgen früh, vielleicht nimmt der Chef dich."

Am nächsten Morgen fuhr ich mit der Straßenbahn in die Lerchenstraße, zur Schriftenmalerei Robert Conrad. Herr Conrad, seine Frau und die anwesenden sechs Maler begrüßten mich und staunten über meine Körpergröße. Ich erzählte in etwa meinen Lebenslauf, dann sagte Herr Conrad: „Wir lackieren für Coca Cola in ganz Hamburg die Imbiss-Buden, kommen Sie morgen früh um acht. Einen grauen Arbeitskittel und Mütze gebe ich Ihnen." Ich fragte bescheiden: „Was verdiene ich denn?" Der Chef antwortete: „Ungelernte Kräfte 70 Mark die Woche." Davon kann man leben dachte ich. Ich lackierte nun die Imbiss-Holzhäuschen, abkratzen, abschleifen, vorstreichen und dann Lack drauf. Meine Arme taten mir weh, aber ich sagte mir, das musst du überstehen. Der Vertrag mit Coca-Cola sollte uns für zwei Jahre Arbeit bescheren. Alle Wirte, die Coca Cola verkauften, bekamen die Lackierung und eine Leucht-Glas-Beschriftung: TRINK COCA COLA EISKALT!

Ab Herbst konnten wir draußen weniger werken, so bekam ich Arbeit in einer Autowerkstatt zugewiesen. Dort wurden Autos beschriftet und lackiert. Mein Kollege, Paul Kaufeld, zeigte mir wie man die Autos für die Beschriftung vorbereitet und die Bleifolie für die Zeichnung anbringt. Ich begriff schnell, und so wurde ich dort der Helfer. In der Werkstatt arbeiteten viele Mechaniker und Lackierer. Allen musste ich vom Zirkus erzählen, einige erkannten mich vom Dom. So war ich in den

Wintermonaten Helfer bei der Autobeschriftung und im Sommer Wurstbuden Lackierer.

Im Oktober sagte Ilse zu mir, sie wäre erneut schwanger. Das war eine Nachricht, die mich fast umhaute und ich deutete auf die Zigaretten. Ja, meine Frau rauchte weniger, hörte aber nicht ganz auf. Anfang April 1960 meinte Ilse, es ist so weit mit der Geburt. Ein Taxi wurde gerufen, und wir fuhren in die Klinik. Eine Nacht blieb meine Frau im Krankenhaus, dann konnte sie wieder nach Hause, mit der Geburt war es doch noch nicht so weit. Am 22. April 1960 verabschiedete ich mich von meiner Frau, wie immer mit den Worten: „Also bis dann mein Schatz, bis heute Abend." Die Straßenbahn brachte mich zur Arbeit.

In der Lackierwerkstatt hatte ich einen Auftrag. Mittags wurde ich dort ins Büro gerufen, Frau Conrad war am Telefon und gratulierte mir zu einem Stammhalter. Ich war überrascht und konnte es nicht glauben, denn ich glaubte, dass meine Frau noch daheim wäre. Im Büro hatten alle mitgehört. Die Chefin von „Sachs und Sohn", in deren Büro ich mich befand, stellte eine Flasche Weinbrand auf den Schreibtisch, und ich musste mit den Büroleuten anstoßen. Nach dem vierten Weinbrand begann ich zu lallen, riss mich aber zusammen. Der Chef kam und sagte: „Wir machen für heute Schluss, wir gehen gemeinsam in die Elbschloss-Quelle und trinken dort den kleinen Wulf ins Leben." Bernd, der Sohn vom Conrad, brachte mich später mit dem Auto nach Hause, dort schlief ich meinen Rausch aus. Danach machte ich mich auf den Weg zu meiner Frau und unserem Sohn, der den Namen Peter bekommen sollte.

In der Entbindungs-Station war ich nicht alleine, andere Väter, Omas und Opas wollten auch ihre Kinder und Enkel sehen. Als mein Sohn an die Scheibe gebracht wurde, entschlüpften mir die Worte: „Nein, das kann nicht mein Sohn sein." Er hatte ein blaues Gesicht. Empörtes Gemurmel der Anwesenden, aber die Schwester klärte mich auf. Das Blaue kam von der

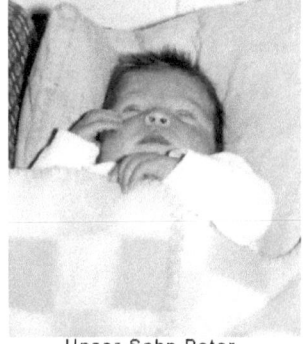

Unser Sohn Peter

Gesichtslage. Sie nannte meinen Sohn Mecki, weil seine Haare steil nach oben standen. Meine Frau war wohlauf, sehr glücklich und wir waren stolz auf unseren Sohn „Mecki Peter". Am nächsten Tag blieb ich daheim, was der Chef verstand. Mit neuem Mut machte ich mich dann wieder an meine Arbeit und war zufrieden.

Von den Leuten aus den nahen Schrebergärten erhielten wir Obst und Beeren, zum Herbst Kartoffeln. Alles andere konnten wir in Geschäften an der Kieler Straße oder in Altona kaufen. Ich lackierte gerade die Imbissbuden am alten Elbtunnel bei den Landungsbrücken. Die Hafenarbeiter, die was essen wollten, beschmierten sich an der frischen Farbe. Die Männer sahen sich nicht vor, obwohl wir überall Schilder mit „Vorsicht, frisch gestrichen!" hängen hatten. Wir Maler bekamen Schaschlik-Wurst und Cola umsonst, so brauchte ich kein Brot von daheim mitnehmen. Die Schriftenmalerei blühte, die Werbung auf Autos nahm erheblich zu und wurde bunter. Die Firma Conrad rief man in ganz Hamburg zu den Lackierwerkstätten. So lernte ich 1960 einen guten Freund und Angler kennen. Er war Auto-Lackierer und stammte aus Polen. Er musste während des Krieges in der Deutschen Wehrmacht dienen und durfte deswegen nicht zurück in seine Heimat. Woldy Rusinkiewicz hatte eine deutsche Frau und zwei Kinder. Er und seine Frau Gerda waren leidenschaftliche Angler und auch im Besitz eines Autos. Ich überredete sie, mit mir fischen zu fahren, in meine Heimat Altenkrempe. Sie lernten meine Eltern und Geschwister kennen und waren angetan vom guten Fang aus der Kremper Au. Jedes zweite Wochenende machten wir uns auf zum Angeln. Wir waren in der Früh am Wasser und fuhren am Abend zurück nach Hamburg. Die Freundschaft wurde intensiver, und wir besuchten uns öfter. Sie waren natürlich erstaunt darüber, dass wir im Wohnwagen lebten. Auf das Grundstück meiner Schwester Irmgard stellten wir später zwei Campingwagen und verbrachten dort mit unseren Familien viele Jahre den Urlaub.

Mein Retter von 1942, Herr Köhler mit Frau und Schwester

Herr Köhler, seine Frau und seine Schwester besuchten uns in Stellingen auf dem Wohnwagenplatz. Wie ich von Zirkusleuten und Schaustellern erfuhr, einige kamen aus Sinti oder Roma Familien und hatten Nummern auf dem Unterarm tätowiert, hatte ich sehr viel Glück, dass Köhler und sein Freund Jordan mich 1942 aus dem „Kinder-KZ" Krankenhaus in Kiel holen ließen. Die Sinti und Roma Nachbarn berichteten von Familienmitgliedern und Freunden, die auch zu „Untersuchungen" abgeholt und in Krankenhäuser gebracht wurden und nie wiederkehrten.

Im Februar 1962 wütete ein furchtbarer Sturm an der Nordseeküste, die Deiche in Hamburg brachen und sehr viel Land wurde überflutet. Es ertranken Menschen und Tiere, es war ein fürchterliches Unglück. Auf den Dächern der Häuser, die im Wasser standen, erfroren ganze Familien. Im April sollten wir den Wohnwagenplatz in Stellingen räumen. Die Autobahn nach Kiel und Hannover wurde dort gebaut. Wir Wohnwagenbesitzer sollten einen neuen Platz am Flughafen Fuhlsbüttel bekommen. Mit Nachbar Freese fuhren wir dorthin, um den Platz anzuschauen. Was wir dort antrafen, war abscheulich. Der Platz war matschig, überall standen Auto-Wracks, Wohnwagen ohne Räder und verkommene Container. Es gab keinen Strom, in einer runtergekommenen Gaststätte war die Toilette, und nur dort gab es Wasser zum Waschen.

Auf dem Rückweg begaben wir uns in das Stellinger Rathaus und sprachen mit dem Bürgermeister. Wir erzählten unser Erlebnis. Herr Vorburg war erstaunt und musste zugeben, dass er den Platz nicht kannte. Ich sagte: „Seit 1949 kennen Sie mich, nun haben wir einen zweijährigen Sohn. Wir sind keine Asozialen, sondern Artisten gewesen, die Wohnungsnot zwang uns dazu im Wohnwagen zu leben. Aber nach Fuhlsbüttel werde ich mit Frau und Kind nicht ziehen." Ich sagte weiter: „Ich weiß, dass in Hamburg ein großer Schausteller-Platz ist, erkundigen Sie sich bitte und fragen dort nach einem Stellplatz." Ein paar Tage später erhielten wir Nachricht vom Bürgermeister: Wir sollten auf dem Schausteller Wohnwagenplatz in Hamburg-Rothenburgsort einen Stellplatz bekommen.

Am nächsten Nachmittag machten der Sohn der Nachbarn und ich uns auf den Weg nach Rothenburgsort, um den neuen Stellplatz anzuschauen. Der Platzwart Herr Flick hatte Nachricht erhalten, dass wir kommen würden. Es war ein großer Wohnwagenplatz auf „Entenwerder", wie die Halbinsel nahe den Elbbrücken heißt. Am Eingang war eine Schranke, und ein Weg teilte den Platz. Es standen dort viele Schausteller mit ihren Wagen und überwinterten. Weiter hinten wohnten ältere Schausteller und Artisten, die nicht mehr reisten. Der Platzwart sagte: „Im Sommer wird ein Wall mit Bäumen und Gehölz um das Gelände angelegt." Er zeigte mir einen Stellplatz für meinen Wohnwagen, gleich am Eingang. Ich fragte: „Können wir nicht in einer ruhigeren Ecke weiter hinten stehen? Hier, wo Sie uns hinstellen wollen, ist die Durchfahrt, da wird es gefährlich für meinen kleinen Sohn." So führte er uns an das Ende in eine Ecke und fragte: „Mit drei Wagen kommt ihr?" Ich antwortete: „Ich habe einen acht Meter Wagen und Herr Freese zwei, einer vier, der andere sechs Meter, die Tür zu Tür zusammengestellt werden." Ich nahm den Platz in der Ecke, dann würde rechts von unserem Wagen der Wall gebaut werden. Der Nachbar würde links stehen mit zwei Meter Abstand. Nun zeigte uns Platzwart Flick noch die Waschhäuser, die nicht gerade modern waren, aber wir hörten, dass das alles umgebaut und erneuert werden sollte.

In Stellingen rollten die ersten Wohnwagen vom Platz, und so nach und nach wurde er immer leerer. Man stand am Schlagbaum und winkte den Abfahrenden nach. Auf der Straße kam eine Zugmaschine entlang, hupte und blinkte mit den Scheinwerfern. Ich erkannte den Fahrer, er gehörte zur Artistenfamilie Traber. Ich bat ihn anzuhalten und fragte: „Kannst du drei Wohnwagen nach Rothenburgsort fahren?" Butsche, wie man ihn nannte, stieg ab, schaute die Wagen an und sagte: „Am 21. April komme ich und fahre eure Wagen… und wohin bitte?" Als er Entenwerder hörte, meinte er: „Dort stehen wir im Moment auch." Ich sagte: „Von der Gemeinde haben wir einen Schein bekommen, der Transporteur bekommt 40 Mark pro Wohnwagen." Butsche erwiderte darauf: „120 Mark kann ich gut gebrauchen."

Am 21. April 1962 war unser und Nachbars Wagen bereit für die Fahrt. Die drei Fahrten verliefen reibungslos, und wir stellten die Wohnwagen an die vorgesehenen Plätze auf Entenwerder. Am nächsten Tag holten wir mein Holz und die Briketts. Leider hatte man mir einen Sack Briketts und den Holzmast für die Stromleitung gestohlen. Nun begann ich an den Wochenenden unseren Wagen wieder neu aufzubauen. Den neuen Mast für das Stromkabel setzen. Am Waschhaus, ca. 50 Meter entfernt, waren der Stromzähler und eine Steckdose. Der Wasseranschluss stand 20 Meter entfernt, ich grub dorthin einen Graben und verlegte einen winterfesten Schlauch. So brauchten wir nicht Wasser zu schleppen. Ein Telefon hatten wir jetzt auch. Die anderen Nachbarn nahmen uns freundlich auf, und wir waren zufrieden.

Ilse arbeitete nicht mehr in der Fabrik und kümmerte sich liebevoll um Peter und mich. Wir kamen mit meinem Verdienst gut klar, denn die Standgebühr und die monatlichen Kosten waren gering. Von Dezember bis März standen die Schausteller mit ihren Wagen auf dem Platz im Winterquartier, meine Frau fand ihre Freundin Uschi wieder, die inzwischen auch geheiratet und zwei Söhne hatte. Ihr Mann Richard Pluschies und sie betrieben ein Varieté Schaugeschäft, mit Schwert- und

Feuerschlucker, Zauberern, Kraftakrobaten und mehr. Sie bereisten damit ganz Deutschland. Ilse und ich kamen nun wieder in Berührung mit den Leuten, die wir Jahre vorher verlassen hatten.

Das Frühjahr brachte mir Glück. Ein neuer Kollege kam in die Firma, dem wurde ich als Helfer zugeteilt. Bei der Arbeit, wir beschrifteten grade ein Auto, fragte er: „Warum schneidest du noch keine Buchstaben aus?" Ich erwiderte: „Der Chef hat es mir noch nicht erlaubt." „Bei mir wirst du es lernen", sagte er. Und begann mir alles Wissen über die Beschriftung von Pappe, Holz, Blech und Glas beizubringen. Daheim übte ich und bekam Fertigkeit und Technik in die Finger, in allen Arbeiten wurde ich selbstständiger. Auch lehrte er mich, das Zeichnen von Buchstaben und Firmenzeichen, Beschriften von Planen und das Vergolden.

Die Schausteller hörten nun, welche Arbeit ich hatte, und kamen zu mir mit der Bitte: „Kannst Du nicht unsere Wagen beschriften und unsere Geschäfte lackieren?" Ich begann die Firmennamen auf Traktoren und Wohnwagen zu schreiben, die Fronten der Geschäfte sowie die Packwagen zu lackieren. Die Arbeit war so reichlich, dass ich einen Kollegen mitnehmen musste. Ilse frage mich, ob sie im Varieté bei ihrer Freundin Uschi arbeiten dürfte. Sie würden ihr und unserem Sohn einen Wohnwagen für die Saison geben. Ich gab meinen Segen, war aber später verärgert über mein Ja. Ich blieb monatelang allein.

Im Herbst kamen die Schausteller zurück ins Winterquartier, Ilse und Peter waren wieder Zu Hause. Lange hatten wir uns nicht gesehen. Ich sagte zu ihr später: „Du bist durch und durch eine Artistin, bist am Rumreisen und vergisst deinen Mann." Sie weinte und wollte die nächste Saison bei mir daheim bleiben. Nach einem langen Gespräch einigten wir uns darauf, dass sie keine überregionalen Angebote mehr annehmen würde, wenn Peter in die Schule käme. Unser Sohn sollte nicht, wie andere Schaustellerkinder, oft die Schule wechseln oder auf ein Internat gehen.

Ilse und Peter 1962

An einem Nachmittag, ich kam von der Arbeit, sprach mich auf dem Platz eine ältere Schaustellerfrau an: „Ich habe Ihre Frau und den kleinen Sohn Peter kennengelernt und auch Ihren Wohnwagen angeschaut, der ist wohl ein wenig zu klein für drei Personen." Ich sagte: „Leider haben wir noch nicht genug Geld für einen größeren." Da fragte die Frau: „Darf ich mit in Ihren Wagen kommen? Ich möchte etwas besprechen." Ich antwortete: „Nur zu, kommen Sie, wir unterhalten uns gerne mit netten Leuten." Was ich nun hörte, war wie Musik in meinen Ohren, uns wurde ein Wohnwagen von 10 Meter Länge angeboten.

Unser Wohnwagen auf Hamburg Entenwerder 1965

Wir schauten ihn uns an und waren angenehm überrascht. Ihr Vater hatte den Wagen 1924 selbst gebaut. Er war gut erhalten, der Unterwagen hatte Blattfedern und große Hartgummireifen. Die Seiten waren durchgehend mit Pitchpineholz geschindelt und mit dunklem Bootslack lackiert. Es war ein älteres Modell, fünf Fenster auf jeder Seite, und am Eingang konnte man eine zwei Meter lange Ziehharmonika-Veranda heraus ziehen. Aufgebaut war der Wagen 12 Meter lang und 2,5 Meter breit. Man kam die Treppe hoch auf die Veranda, von dort in die Küche, dann kamen Wohnraum und der abgeteilte Schlafraum. Sie verkaufte ihn mir für 1.000 Mark und freute sich mit uns. Der Wohnwagen stand in Hamburg-Harburg in einer Halle und musste nach Entenwerder gebracht werden. Wir brauchten einen großen Traktor zum Ziehen, der Wagen war mehrere Tonnen schwer.

Mit Ilse besprach ich die Einrichtung des neuen Wohnwagens. Wir holten Geld vom Sparbuch und fuhren zu Möbel-Jonas am Neuen Pferdemarkt. Diese Firma hatte Kleinmöbel und war nicht zu teuer. Dem Verkäufer erzählten wir von unserem Problem, er begriff und zeigte uns alle in Frage kommenden Einrichtungen. Doch meinte er: „Stühle sind nicht gut, kleine Sessel passend zur Couch und auf Federkern, das müsste es schon sein." So rechnete er uns vor, das alles würde 1.100 Mark kosten, auf Raten natürlich mehr. „Wir wollen bar bezahlen, gibt es Rabatt?", sagte meine Frau. Da spitzte der Herr die Ohren und sagte lächelnd: „Wenn Sie bar bezahlen, kann ich Ihnen 60 Mark erlassen." Wir machten noch ab, die Möbel erst zu liefern, wenn ich den Wagen innen fertig ausgebaut hatte.

Ich begann mit den Arbeiten am neuen Zuhause. Ich löste die Innen-Verschalung und fand ein paar Geldscheine, es waren leider sehr alte und nichts mehr wert. Fußboden und Wände wurden mit Styropor-Platten, darauf Hartfaserholz und eine Stepptapete gedämmt. Vom Quelle-Versand kam ein Ölofen. Sorgfältig baute ich das Ofenrohr in das Dach und schirmte die Wand dahinter mit V2a Blech und feuerfesten Platten. Es verbrannten oft Artisten und Schausteller in ihren Wagen. So ging ich mit Feuer immer sehr vorsichtig um. Die Nachbarn gaben gute Ratschläge, ich verlegte den Teppich, dann war innen alles fertig, und die Möbel wurden gebracht.

Waschmaschine und Schleuder kamen auf die Veranda. Herd und Kühlschrank in die kleine Küche. Ein Schausteller schweißte mir eine Treppe aus alten Eisenteilen zusammen, die ich dann lackierte. Von Mai bis Ende Juli arbeitete ich an dem Wohnwagen, dann war das neue Heim fertig. Unser Geld war fast alle, aber wir hatten Arbeit und es würde wieder Geld ins Haus, oder besser in den Wagen, kommen. Die ehemalige Besitzerin besuchte uns oft und erzählte von sich und ihrem Vater und Geschichten über den Wagen. Den alten Wohnwagen behielten wir auch. Ich zahlte Standgebühren, und unser Sohn spielte mit seinen Freunden bei schlechtem Wetter darin. Auch so mancher Besuch hat in dem Wagen übernachtet.

Der Winter begann, die Schausteller kamen, ihre Saison war vorbei, nun war meine Frau wieder daheim. Die Jahre 1965 und 66 vergingen und unser Sohn kam in die Schule. Im Jahr 1967 tat sich vieles. Es begann damit, dass Zigeuner, die auf Entenwerder wohnten, den Platz verlassen mussten. Er wurde geebnet und stellenweise mit Schlacke bestreut, die dann eingewalzt wurde. Die Straße wurde geteert und bekam einen Abwasserkanal mit Gullis, so blieb der Platz trocken. Den Schaustellern wurde eine Parzelle zugewiesen, das Kreuz- und Querstellen der Fahrzeuge hörte auf. Die
alten Waschhäuser wurden renoviert, Duschen mit Warmwasser und Spültoiletten eingebaut. Das Standgeld wurde um ein paar Mark erhöht. Ein Aushang der Behörde

sagte, von 13 bis 15 Uhr wäre Mittagsruhe. Es ließ sich aber keiner dadurch von der Arbeit abhalten. Die Schausteller mussten doch in den Wintermonaten ihre Geschäfte für die nächste Saison wieder flott machen.

Im Winter 1967-68 standen viele Schausteller-Familien mit ihren Geschäften auf dem Platz. Es kam zu Unfällen bei Arbeiten und Bränden durch überhitzte Öfen. Zwei Kinder und ein Mann fanden den Tod. Nachdem 1968 die Saison begann und die Schausteller Entenwerder verließen, bat Platzwart Flick die verbliebenen Familien, ihre Wagen umzustellen. Natürlich mussten nun einige ihren nicht bewegbaren oder überalterten Wagen verschrotten. Die reicheren Schausteller begannen in Hamburg und Schleswig-Holstein Bauland zu kaufen, um darauf ein Haus und eine Halle für die Wagen zu bauen.

Meine Frau hatte neue Arbeit gefunden. Sie half in Schießbuden, verkaufte gebrannte Mandeln, arbeitete bei einem Kinder-Karussell und anderen Fahrgeschäften an der Kasse. Ilse arbeitete nur in oder um Hamburg. So konnte sie unseren Sohn aufziehen und zur Schule schicken. Am Nachmittag passte die Nachbarin auf Peter auf. Ab 17 Uhr war ich immer daheim.

Bei den Meiereien beschrifteten wir Milchtanks und große Lastkraftwagen. Zum Beispiel in der Hansa-Meierei in Hamburg-Billstedt. Die Werbung hieß: „Alles von

Paul Kaufeld und ich bei der Arbeit

Hansano ist gut." An die 100 Fahrzeuge wurden beschriftet. Unter anderem für „Wiesen-Hähnchen", „Langnese Eiskrem", „Stadt-Bäckerei" und auch für den Schuh-Händler Hartmann, ein Freund vom Chef Conrad. Auf dem Transporter von Hartmann stand schlicht und einfach „Schuh-Hartmann". Eines Tages meinte er: „Wie könnte die Reklame geändert werden, überlegt doch mal einen Werbespruch und heftet diesen an mein Auto." So schrieben der Chef und die Kollegen ihre Sprüche, und auch ich tat mein Bestes. Mein Werbe-Gag lautete: „Schon Jesus trug, so nimmt man an, Sandalen nur von Schuh-Hartmann." Alle lachten, doch mein Spruch war für Werbung zu lang. Aber es hat sich für mich gelohnt, jeden Weihnachten durften unser Sohn, meine Frau und ich uns Schuhe aussuchen.

Der Chef verdiente sehr gut, doch je mehr die Firma einnahm, desto mehr vertrank der Mann, er wurde aggressiv: Nur er konnte etwas, alle anderen waren Stümper und Nichtstuer. Die Leute, die mit ihm am Saufen waren und dadurch ihre Arbeit in der Werkstatt versäumten, das waren seine besten Leute. Drei Leute, die nicht mittranken, wurden zum Zankapfel für jede Gelegenheit. Auch ich war einer davon. Ich blieb stur, machte meine Arbeit so gut ich konnte. Trotz allem hatte er mir eine Lohnerhöhung gegeben, jedes Jahr etwas mehr, und nun bekam ich 110 Mark netto die Woche. Leider gingen die Malerleute ein und aus, kein guter Schriftenmaler blieb länger als drei bis vier Monate, darunter litt die Arbeit. Die Firmen beschwerten sich, ja, manch eine Firma wollte mit Conrad nichts mehr zu tun haben. Das Schlimme war, der Chef gab seinen Leuten die Schuld, obwohl wir inzwischen manche Woche auf unseren Lohn warten mussten. Auch das nahm ich hin, natürlich bekam ich meinen Lohn, aber nur stotterweise.

Die Schausteller gingen im Frühjahr auf Saison und kamen im Herbst wieder, worauf Peter sich immer freute, kamen doch viele seiner Freunde zurück. Unser Sohn war so groß wie ich, und wir waren froh, dass er nicht klein blieb. Peter wollte seine eigenen vier Wände haben. Der alte „Spielwagen" brach langsam auseinander. Von einem Schausteller kaufte ich einen Zirkuswagen. Mein Sohn war begeistert und zog gleich in seinen neuen Wohnwagen.

Auf Entenwerder war für die Kinder sehr viel Platz zum Spielen, aber nicht ungefährlich: Die Halbinsel war umgeben von Wasser und Peter angelte auch gern in der Elbe. So beschlossen wir, unser Sohn sollte Schwimmen lernen und brachten ihn in das „St. Pauli Bad" zum Schwimmlehrer. Begeistert war er anfangs nicht, aber es musste sein. Er war ein guter Schüler und die Lehrer waren der Meinung er sollte die Schule wechseln. Auf der Realschule gefiel es ihm aber nicht, er war nun getrennt von seinen Freunden, und die Artistenkinder nannten ihn „Professor". Seine Noten wurden schlechter und nach zwei Jahren ging Peter zurück auf die Hauptschule.

Bei mir nahm der Ärger auf der Arbeitsstelle zu. Die besten Leute waren gegangen, ich diente als „Prellbock" für alles, hatte aber ein dickes Fell bekommen. Als man mich als Lügner hinstellen wollte, der Aufträge vermasselt hatte, bestand ich darauf, den Lügner zu beweisen und die Firma zu nennen, die ich belogen haben sollte. Es kam so weit, dass Frau Conrad gestehen musste, dass nicht ich, sondern sie gelogen hatte. Das Vertrauen war dahin.

Noch arbeitete ich für Firma Conrad, diesmal mit einem neuen Kollegen in der Holsten-Brauerei. Wir beschrifteten den großen Pferde-Transportwagen und den Hänger, worin der Tonnenwagen transportiert wurde. Es sollte ein Gemälde werden, vier Pferde zogen den Tonnenwagen.

Mein Kollege Werner Griem war ein Genie, nach einer Postkartenvorlage zeichnete er das Gespann auf die Seitenfläche der Wagen. Ich brachte Licht und Schatten hinzu, das Gemälde nahm Form und Gestalt an. Der Direktor der Brauerei, Herr Meister, setzte sich in einen Stuhl und schaute, wie wir zwei das Bild und die Schrift auf das Fahrzeug brachten. Wir konnten gut arbeiten, weil das Fahrzeug in einer hellen Halle stand. Nach einer Woche fragte Meister uns, ob wir nicht Lust hätten, in der Brauerei als Schriftenmaler zu arbeiten. Mensch, dachte ich, das wäre der Job, und Conrad könnte mir gestohlen bleiben. Werner und ich nahmen an.

Meine neue Arbeitsstelle war nun ab 1. Februar 1972 die Holsten-Brauerei, Werner kam am 15. Februar. Unser Arbeitsplatz war in der Auto-Reparaturhalle, leider im Keller, doch man baute uns alle Wünsche ein. Direktor Meister kam und überzeugte

sich selbst vom Aufbau. Wir erhielten lange Tische, die Planen und Reklame-Platten passten genau darauf. Für die Klebefolie baute man Abroll-Geräte an die Wand. Helles Licht kam unter die Decke. Druckluftleitungen wurden gelegt, Schränke für Farben und anderes Material aufgestellt. Dann zwei Stühle sowie einen Tisch und Kühlschrank. Aber was noch wichtiger war: Der Verdienst war enorm. Ich war

Mit Werner Griem als Schriftenmaler bei der Holsten 1972

kein Helfer mehr, sondern ein Schriftenmaler, der nun in der Gewerkschaft war, 1.600 Mark verdiente und 30 Tage Urlaub hatte, das war der Hammer! Wir bekamen täglich drei Liter Bier als Haustrunk, den man mitnehmen durfte. Dazu monatlich drei Kästen Bier oder Hella Brunnen Limonade ins Haus geliefert. Unsere Arbeit, 7 bis 15:30 Uhr, konnten wir einteilen, keiner stand hinter uns, keiner redete uns rein.

Wir standen brieflich immer in Verbindung mit Ilses Mutter in der DDR, Ilses Vater war im Krieg gefallen. Rentner ließ man dort oft reisen. Sie stellte einen Reiseantrag bei der Behörde und durfte vier Wochen lang zu uns nach Hamburg kommen. Auf dem Hamburger Hauptbahnhof nahmen wir sie in Empfang. Ilse und Mutter hatten sich seit 1949 nicht mehr gesehen. Wir zwei waren uns auf dem ersten Blick sympathisch. Mit der Taxe fuhren wir zurück und sie staunte über unser Wohnwagenleben, fand aber alles recht gut. Mutter übernachtete im Schlafabteil mit Ilse und ich schlief auf der Couch im Wohnabteil. Wir wollten Mutter in der Frühe nicht stören. Als sie die Obstschale sah, sagte sie: „Wie viele Bananen und Apfelsinen werden euch zugeteilt?" Ilse antwortete: „Mutter, hier bei uns wird nichts zugeteilt, hier kannst du so viel kaufen, wie du möchtest, man muss nur Geld haben." Sie fragte weiter: „Wann ist bei euch der nächste Wochenmarkt?" Ich antwortete: „Heute, am Samstag." Ilses Mutter wollte sofort dorthin gehen, aber erst mal tranken wir Kaffee.

Der Wochenmarkt war auf dem Rothenburgsorter Marktplatz, fünfzehn Minuten von Entenwerder entfernt. Mutter war vier bis fünf Schritte voraus und meinte: „Wenn ihr so trödelt, ist alles verkauft, wenn wir ankommen." Der Weg führte uns am alten Wasserturm vorbei. Auf dem Markt stürzte sie auf den ersten Obststand zu und sprach mit

Ilses Eltern, Reichenbach Vogtland ca.1940

dem Verkäufer. Wir kannten ihn und stellten Ilses Mutter vor. Er schenkte ihr eine „Hand" Bananen und sie freute sich sehr. Sie erzählte uns von dem Leben in der DDR und dass die Menschen dort zwar Geld hätten, aber es nichts zu kaufen gab. Ich sagte: „Hier gibt es alles im Überfluss, aber das Geld ist knapp." Was auch kein Trost war. Im Mai 1976 besuchte meine Schwiegermutter uns zum letzten Mal. Ein paar Wochen später erhielten wir Nachricht von ihrem Tod, sie war auf der Kellertreppe gestürzt und im Krankenhaus gestorben. Sie war 89 Jahre alt. Im selben Jahr starb auch meine Mutter an Herzversagen mit 74 Jahren. Vater zog in das Haus seiner Tochter Irmgard, in eine herrliche Souterrain Wohnung, doch er begann wieder zu trinken und lärmte im Haus und Hof. Meine Schwester musste viel ertragen, sie war Nachtschwester im Pflegeheim für Behinderte, und sie brauchte am Tag ihren Schlaf. Doch dem Vater war das egal. Wir erlebten in unseren Urlaubstagen, die wir im Camping verbrachten, alles mit. Auch mit mir begann er wieder zu streiten.

Unser Sohn war jetzt über 1,80 Meter groß, schloss die Schule ab und begann eine Ausbildung im Hotel Ambassador. Zu seinem sechzehnten Geburtstag bekam er ein Moped. Nun sahen wir ihn seltener, Peter hatte neue Freunde im Hotel und in der Berufsschule kennengelernt.

Von der Behörde erhielten wir die neue Wohnwagen-Verordnung. Alle die kein Reisegewerbe hatten, mussten einen Antrag auf eine Wohnung stellen. Nun, das war eine Aufforderung, der man nachkommen musste, und so stellten wir einen Antrag. Einige alte Artisten und ehemalige Schausteller erhielten in Rothenburgsort Wohnungen. Eine Nachfrage von mir beim Amt ergab, dass man uns vergessen hatte, und wir möchten doch auch selber suchen. Bei der Holsten-Brauerei sprach ich Arbeitskollegen auf eine freie Wohnung an. Im August erfuhr ich von einem Bierfahrer, dass in Altona in der Harkortstraße, im selben Haus wo er wohne, eine Wohnung frei wäre. Am nächsten Morgen war Besichtigung, und es sollten noch mehr Wohnungssuchende kommen. Also musste ich früh am Haus sein.

Es kam die Besitzerin Frau Jakobs und ihr Neffe Herr Lühr. Im selben Moment trafen auch meine Frau und ich ein. Ich hatte die Kleidung der Brauerei an und schon auf der Straße rief Herr Lühr zu mir gewandt: „Arbeiten Sie hier in der Holsten Brauerei?" Ich bejahte und sagte: „Mein Arbeitsplatz ist hier um die Ecke, keine fünf Minuten von hier." An der Tür zum Haus sagte der Lühr zu den anderen wartenden Leuten: „Die Wohnung ist vergeben". Die Wohnung war in der dritten Etage, 78 qm² groß, hatte eine neue Gas-Therme und sollte 300 Mark Miete kosten. Die Heizung musste ich vom Vormieter kaufen. Wir unterschrieben den Mietvertrag zum 1. November 1976. Im Oktober wurde sie frei, und mit Kollegen zusammen begann ich mit der Renovierung und Einrichtung. Küche und Schlafzimmer lagen nach hinten zur Brauerei, Wohnstube und die etwas kleinere Nebenstube zur Straßenseite. Unsere

Wohnwagen verkaufte ich, und im November zogen wir in unser neues Heim. Anfangs war es recht ungewohnt, wir hörten nun Nachbarn über und unter uns. Auch unsere Besucher meinten, es wäre sehr laut und nicht normal. Aber nachdem ich mit den Nachbarn und der Besitzerin gesprochen hatte, wurde es besser. Später erfuhr ich, dass der Vormieter wegen des Lärms ausgezogen war.

Mein Kollege und ich machten kleinere Malerarbeiten für Schausteller und hörten, wie schön es im Winter auf der Insel Gran Canaria wäre, da machten sie Urlaub. Ilse und ich gingen in ein Reisebüro und ließen uns beraten. Wir buchten einen Bungalow im Interclub-Atlantic, im Dorf San Agustin. In der zweiten Januarwoche sollte der Abflug sein. Alle waren im Flugzeug, dann kam die Durchsage: „Die Fluglotsen streiken, neue Abflugzeit 9 Uhr." Es wurde ein Chaos, das Flugzeug wurde zurück an die Brücke beordert. Alle Gäste mussten aussteigen. Wir erhielten ein Mittagessen im Flughafen, um 16 Uhr gab es Kaffee und Kuchen sowie die ersten lauten Beschwerden. Dann erschien ein neuer Abflug-Termin an der großen Anzeige: 20 Uhr Gran Canaria. Endlich hob der Pilot ab und landete nach vier Stunden auf der Insel im Regen.

Am Flugplatz stiegen wir in den klapprigen Bus nach San Agustin. Ein Koffer-Boy führte uns durch einen Palmengarten zu dem Bungalow, der direkt über dem Strand stand. Er hatte mehrere Räume sowie eine große schattige Terrasse mit zwei Liegen. Man konnte auf den Atlantik schauen, über den Strand bis zur Bucht mit den Dünen und der Stadt Playa del Ingles. Das Herrlichste war die Luft und das Wetter. Die Seeluft tat gut, und nach einer Woche waren wir braungebrannt wie die Einheimischen. Mit Busfahrten lernten wir die ganze Insel kennen. Die Bananen-, Apfelsinen- und Tomaten-Plantagen wurden besucht und die Höhlen der Ureinwohner bestaunt. Die drei Wochen waren schnell vorbei, aber wir waren erholt zurückgekommen.

Ilse und ich begannen jedes Jahr mit einem Urlaub auf Gran Canaria, wir blieben jetzt fünf Wochen. Es war jedes Mal schöner. Wir spazierten am Strand, durch die

Dünen und badeten im warmen Atlantik. Wir freundeten uns mit Einheimischen an und wurden in die Familien eingeladen. Sonntags wurden wir zum Essen abgeholt, oder man zeigte uns das Canaria, wo die Touristen nicht hinkamen. Eine Familie hatte Tomatenfelder und Maschinen zum Verpacken der Tomaten. Ich hatte in Hamburg eine Folie mit seinem Namen vorbereitet, die klebte ich an seinen Transporter. Es kamen die Nachbarn und wollten auch solche Klebeschilder. So hatte ich später bei jeder Reise sechs bis acht Schilder im Koffer. Wir bekamen jetzt jeden Tag frische Tomaten, Obst und Gemüse an die Bungalowtür und wurden zu Familienfesten eingeladen.

Urlaub auf Gran Canaria 1978

Unser Sohn hatte 1979 die Prüfung bestanden und arbeitete weiter in der Hotelbar. Im nächsten Jahr fuhr er mit Freunden monatelang durch Afrika, und als er zurückkam, sagte er: „Ich will Fotograf werden und dafür muss ich wieder zur Schule gehen." Ilse und ich waren erstaunt, wir dachten, er würde in den vielen Hamburger Hotels seinen Weg finden, freuten uns aber, weil er nicht auszog. Er kündigte im Hotel, machte seinen Realschulabschluss nach und ging dann aufs Gymnasium. Zu der Zeit lernte er auch Gitarre spielen und arbeitete neben der Schule in einem Musikstudio.

Eines Tages verunglückte der Pferde Transportwagen der Holsten Brauerei. Der Neue sollte mit dem gleichen Motiv, vier Pferde vor dem Bierwagen, bemalt werden, aber der Auftrag wurde einer Firma übergeben die Kino-Plakate malte. Unsere Arbeitszeit am Fahrzeug wäre zu teuer, meinte die Werbeabteilung. Nach vier Wochen kam das Fahrzeug mit der neuen Beschriftung zurück, wir hätten zwölf Tage gebraucht. Es gab ein Staunen und Lachen, Direktor Meister ließ uns kommen und fragte: „Können sie dort vor dem Fasswagen Pferde erkennen?" Werner und ich hielten uns mit der Antwort zurück, lachten aber, und unser Direktor sagte: „Ich sehe auf dem Bild keine vier Pferde, sondern vier Schlittenhunde." Die Schrift war nicht zu beanstanden, doch das Bild von vier Brauereipferden vor einem Fasswagen konnte man nicht erkennen, sondern nur erahnen. Uns tat diese Sache gut, wir wurden wieder gelobt.

1982 begann die Holsten Brauerei Leute zu entlassen, Gebäude abzureißen, neue Gebäude zu bauen und neue Maschinen zu installieren. Die alten Maschinen füllten in der Stunde 3.000 Flaschen, und es bedienten sie sechs Arbeiter. Die neuen füllten 6.000 Flaschen, spülten sie vorher auch noch, und man brauchte nur zwei Mann. Verladen wurde direkt vom Laufband, Fremdfahrzeuge fuhren an die Rampen. Auch wir zwei Schriftenmaler wurden entlassen. Doch es kam ein Malermeister Rühmann aus Lüneburg in die Brauerei. Er wollte, dass wir in unserer Werkstatt bleiben um für ihn zu arbeiten, unter den gleichen Bedingungen. Werner wollte nicht, aber ich blieb. Ich beschriftete Planen, Fahrzeuge, Schilder und vieles mehr. Mein neuer Chef kam einmal in der Woche und holte den Arbeitszettel. Mitte des Jahres wollte der Chef, dass ich jede Arbeit an einer Uhr stempeln sollte. Ich verlor Zeit dadurch: Treppe hoch stempeln, Treppe runter, Arbeit machen, dann Treppe rauf und abstempeln und sofort die neue Arbeit anstempeln. Ich vergaß einige Arbeiten zu stempeln, aber mein Arbeitsbuch führte ich genau. Er begann zu meckern, ich ließ ihn meckern.

Die Brauerei stellte ihren Fuhrpark auf größere Fahrzeuge um, somit bekam ich neue Planen zum Beschriften. Da ich genug andere Arbeit hatte, bot ich Firma Conrad an, die Planen zu beschriften. Herr Conrad kam selber um zu schauen, um welche Arbeit es sich handelte. Er sagte: „Herr Wulf, hier sind sie Chef und bieten mir Arbeit an, wollen Sie mich damit demütigen?" Ich antwortete: „Davon kann keine Rede sein. Ich verteile die Arbeit, die mir zu viel ist, aber ich kann die Planen auch an eine andere Firma geben." Er verschwand und kam mit dem Büroleiter Moormann wieder. Der sagte: „Ich kann hier nicht helfen, Herr Wulf ist nicht mehr bei der Holsten beschäftigt und kann selbstständig Aufträge weiterleiten." Der Conrad wurde kleinlaut und meinte, er würde jemand mit dem Auto schicken um die Planen abzuholen. Dann verschwand er. Ich schmunzelte über die Szene und dachte an meine Zeit bei der Firma.

Mein nächstes Gespräch mit meinem neuen Chef Rühmann brachte mir vorübergehend die Arbeitslosigkeit. Mit der Stechuhr war ich klar gekommen, doch nun wollte der Chef, dass ich alles Material, das ich verbrauchte, auflisten sollte, damit er es in Rechnung stellen könne. Ich sagte: „Das Material erhalte ich aus dem

Magazin der Brauerei, also können Sie es doch der Brauerei nicht in Rechnung stellen. Irgendwann merkt das jemand im Büro, und dann gibt es Ärger." Mein Chef wollte nicht hören und meinte, das wäre seine Sache, doch ich beharrte und sprach: „Wenn das auffliegt, sagen Sie, das alles hat der Wulf gemacht, Sie hätten davon keine Ahnung gehabt." Ich kündigte und übergab den Werkstattschlüssel.

Ich meldete mich auf dem Arbeitsamt und sah mir die Stellenangebote an. Aber nun kommt ein Nachspiel von Herrn Conrad. Seine Frau rief bei mir an und teilte mir mit, dass ich wieder bei ihrem Mann arbeiten könnte. Da aber Ilse sich den großen Zeh gebrochen hatte und schlecht gehen konnte, sagte ich zu Frau Conrad, dass ich nur stundenweise kommen könne, aber noch nicht heute oder morgen. Schon am nächsten Tag meldete sich das Arbeitsamt, und der Herr am Telefon sprach: „Ein Herr Conrad hat erfahren, dass Sie arbeitslos sind, Herr Wulf, bevor Sie anderweitig nach Arbeit suchen, möchte er Sie einstellen." Nun fragte ich den Herrn: „Muss man in einer Firma arbeiten, wo man elf Jahre war und dort als Lügner bezeichnet wurde?" Er sagte: „Nein, Herr Wulf, dort brauchen Sie nicht arbeiten."

Autobeschriftung bei Mextorf

Einen Monat später hatte ich eine neue Arbeitsstelle in der Auto-Lackierwerkstatt Mextorf in Bahrenfeld. Beim Vorstellungsgespräch traf ich Herr und Frau Mextorf, ihr Sohn war Lehrlingswart in der Branche. Der Chef fragte, welche Vorstellungen ich hätte. Meine Antwort war: „Ich rauche und trinke nicht, wurde bei keiner Firma fristlos entlassen, ich komme pünktlich zur Arbeit und gehe pünktlich von der Arbeit und möchte pünktlich meinen Lohn, 16 Mark die Stunde, da ich in der Gewerkschaft bin." Alles war still, als ich geendet hatte, dann begann die Sekretärin zu lachen und meinte: „So eine deutliche Sprache bei einer Einstellung hab ich noch nie gehört." Nun sprach der Chef: „16 Mark sind ein wenig zu viel, ich bin nicht die Holsten-Brauerei, aber auf 14 Mark können wir uns einigen." Ich stimmte zu und begann mit der Arbeit.

Der Chef hatte bemerkt, dass ich Plattdeutsch reden konnte, und so musste ich täglich eine halbe Stunde mit ihm Plattdeutsch reden. Dabei erfuhr er meine gesamte Lebensgeschichte. Ich hatte dort nette Kollegen, einige kannte ich flüchtig. Unsere Kunden waren auch Zigarettenfirmen. Bei Reemtsma lernte ich Herrn Rehwinkel kennen, ein netter Mensch, aber ein genauer: Mit dem Zollstock maß er penibel die Grundlinien der Beschriftung nach. Es war die Beschriftung mit dem kleinen HB-Männchen und dem Spruch: „Wer wird denn gleich in die Luft gehen." Eines Tages kam er mit Rolf Mexstorf zu mir und sagte: „Die Schriften, die Herr Wulf auf unsere Fahrzeuge bringt, sind sauber und exakt. Daher möchte ich, dass nur Herr Wulf und sein Kollege unsere Fahrzeuge beschriftet." Er kam etwas später zurück und gab mir 20 Mark Trinkgeld, das ich mit meinem Kollegen teilte. Mit dem jungen Chef sprach ich über die „Stille" in der Werkstatt, er hörte zu und meinte, dass er das noch nicht bemerkt hätte. So begann langsam und dezent Musik, lachen und Pfeifen ihren Anfang zu nehmen. Das Werksklima besserte sich, und alles wurde noch freundlicher.

Herr Mexstorf hatte einen Unfall und trug eine Halskrause, ich malte darauf eine schwarze Fliege, das war der Gag auch für Kunden, die herzhaft lachten. Vor Weihnachten rätselten alle, wie viel Weihnachtsgeld es wohl geben wird? Ich beschrieb einen Bogen Papier mit folgenden Worten: „Als Jesus sah, wie wenig die Schriftenmaler in der Firma Mexstorf verdienen, wandte er sich ab und weinte bitterlich." In der Frühe klebte ich das Stück Papier ans Zwischentor, wo alle durch mussten, aber ich tat so, als wenn ich später käme und nun erst den Zettel sah. Wieder wurde gelacht und man schob mir die Herkunft des Schreibens in die Schuhe.

Zum Weihnachtsfest waren die Herren von BAT, BMW und Herr Rehwinkel eingeladen. Der lange Tisch war mit allem beladen, was man Essen und Trinken nennen konnte. Wir feierten und Rolf Mexstorf, mit dem alle per Du waren, bot es auch mir an. In der Unterhaltung kam es dazu, dass über meinen Witz mit „Jesus und Lohn" gesprochen wurde, und man fragte, woher ich diese Worte und Sprüche hätte. Ich meinte amüsiert: „Ich bin Bibelforscher und weiß was über einige Berufe in der Bibel steht." So sprach ich: „Auf Seite 77 Vers 11 steht: Vom Berge kamen Auto-Lackierer und anderes Gesindel." Alles lachte und die Lackierer bedrohten mich. Einer der Leute fragte: „Steht in der Bibel auch etwas über die Schriftenmaler?"

Natürlich antwortete ich: „Seite 111 Vers 33 besagt: „Sie waren des Lesens und Schreibens mächtig." Das Gebrüll habe ich heute noch in meinen Ohren.

Im Dezember 1986 musste ich meine Arbeit bei Mexstorf beenden. BMW hatte selbst eine Lackierwerkstatt errichtet, BAT war nach Frankfurt abgewandert und Reemtsma nach Berlin. Die Werbung wurde jetzt per Folie auf die Autos geklebt und Schriftenmaler waren weniger gebraucht. Nun war ich arbeitslos, aber hatte Zeit bei den Schaustellern zu helfen. Ab mittags war ich unterwegs und an manchen Tagen kam ich erst zusammen mit meiner Frau um 23 Uhr nach Hause.

Peter kam aus Süddeutschland zurück, er war dort zwei Jahre auf einer Privatschule für Foto und Druck. Unser Sohn hatte seine Verlobte Sylvia mitgebracht und eine Wohnung gefunden. Beide kannten sich mit Computern aus und bekamen Arbeit bei Werbefirmen in Hamburg. Sie trennten sich leider nach einem Jahr, Peter interessierte sich wieder mehr für Musik, spielte in einer Band und arbeitete im Musikstudio. Wir kauften ein Auto und fuhren an Wochenenden angeln. Ilse freute sich, und wir kutschierten damit immer zum Einkaufen.

An der Straße hupte ein Auto und ein Mann rief meinen Namen. Es war Bernd Conrad, der Sohn meines ehemaligen Chefs. Ich stieg in sein Auto und wir fuhren zu mir nach Hause. Bei einer Tasse Kaffee wurde von früher geredet und was ich nun arbeiten würde. Ich sagte, dass ich im Moment arbeitslos wäre. Er sagte: „Du kannst ja wieder bei Firma Conrad anfangen." Darauf sagte ich: „Solange dein Vater lebt, werde ich bei Euch niemals arbeiten." Da bekam ich zu hören, dass der alte Conrad gestorben war. Bernd hatte die Firma übernommen. Ich kannte viele seiner Kunden, alle Werkstätten und die dortigen Leute. Wir verhandelten und einigten uns auf einen Vertrag so wie ich ihn bei Firma Mexstorf hatte.

Im März 1987 begann ich meine Arbeit bei Conrad Junior. Fünf Minuten Weg entfernt von unserer Wohnung, besser konnte es nicht kommen. Dort waren drei Mitarbeiter und Bernds Mutter mit ihrem „Rambo", eine undefinierbare Hundemischung. Ein Auftrag brachte uns in eine Lackierwerkstatt, dessen Meister ich von früher kannte. Er freute sich mich zu sehen und lud mich auf einen Kaffee ins Büro. Mein Arbeitspartner stand in der Zeit am Auto, das beschriftet werden sollte, und tat keinen Handschlag. Als ich zurückkam, sagte er: „So lange du im Büro sitzt, habe ich auch keine Lust zu arbeiten, außerdem steht der Wagen zu dunkel in dieser Ecke." Durch einen Fahrer der Werkstatt ließ ich das Auto dorthin stellen, wo mein Kollege es haben wollte. Ich begann meine Arbeit auf der einen Seite, er schlecht gelaunt auf der anderen. Am Nachmittag trug ich die zweite Farbe auf und begann meine Beschriftung zu vervollständigen. Für meinen Kollegen war das etwas Neues. Er sagte: „Willst du unsere Arbeitsstunden kaputtmachen? An einem Tag eine Farbe, am zweiten Tag die zweite Farbe!" Ich blieb ruhig und erwiderte: „Mach deine Arbeit, ich mache meine." Meine Kollegen begannen nun mit „Mobbing", wie man heute sagt, aber unser Chef ignorierte das. Bernd nahm mich dann mit zu Kunden, Aufträge besprechen, die Kollegen mussten in der Zeit meine Arbeit mitmachen.

Eines Tages wurde ein neuer Mann eingestellt, der sehr penibel war. Er zog am 1. Januar einen sauberen weißen Kittel an und am 31. Dezember sauber wieder aus. Die dreckigen Arbeiten durften die anderen machen. Damit ich beim Beschriften überall ankommen konnte, hatte ich einen Hocker. Darauf stand oder saß ich bei der Arbeit. Der neue Kollege zog ihn unter mir weg, ich fiel um und bespritzte einen anderen Wagen mit Farbe. In meiner Wut schüttete ich dem Kerl die restliche Farbe aus meiner Dose ins Gesicht. Der Meister der Auftragsfirma, wo wir arbeiteten, ging dazwischen. Er sagte zu meinem Kollegen: „Reinigen Sie unser Fahrzeug und verschwinden Sie dann." Zwei Wochen später wurde mein Kollege entlassen, worüber ich nicht traurig war.

Im Herbst 1988 bekam ich starke Schmerzen und Schwellungen in allen Gelenken. Eines Tages konnte ich meinen rechten Arm und den rechten Fuß nicht bewegen und ging zum Arzt. Der Doktor meinte, dass es Gelenk-Rheuma wäre und schickte mich zum Orthopäden. Seine Meinung war auch Gelenk-Rheuma. Tabletten, Salben, Massagen, alles half nicht. Im Krankenhaus Eppendorf fanden die Ärzte Gicht und Rheuma bei mir. Mit einer Medizin, die ich täglich zweimal nahm, konnte ich die Gicht aus dem Körper vertreiben, doch das Rheuma blieb. Ich stellte nun einen Rentenantrag und musste zur Untersuchung zur LVA am Berliner Tor.

Der Arzt war ein netter Mensch und sagte: „Oh, einen Liliputaner hatte ich noch nicht unter meinen Händen." Ich fragte ihn: „Wollen Sie einen Ringkampf mit mir veranstalten?" Er lachte und untersuchte mich. Diesem Arzt musste ich meinen Lebenslauf erzählen, und als ich von meinen Ponys sprach, meinte er, dass seine beiden Mädchen Ponys hätten. Ich hatte Fotos dabei und nun musste ich vom Zirkus erzählen. Wir sprachen stundenlang, dann kam seine Helferin ins Zimmer und meinte, es wären noch Patienten im Warteraum. Er fragte mich: „Wollen Sie weiter arbeiten?" Ich antwortete: „Das liegt bei Ihnen." „Was meinen Sie?" Er sagte: „Nach den Unterlagen, die vor mir liegen, hat Herr Wulf etwa 40 Jahre gearbeitet. Nun gut, unsere Antwort erhalten Sie in etwa 14 Tagen, weiterhin alles Gute."

So wurde ich 1989 Rentner. Im Bescheid stand monatlich 1.400 Mark, das konnte auf keinen Fall stimmen, die Summe war viel zu niedrig, und ich reichte Beschwerde ein. Da erhielt ich einen Bericht von der Landes-Versicherungsanstalt mit detaillierter Abrechnung, Circus Hagenbeck und Circus Schneider hatten mich nur mit dem minimalsten Satz versichert und versteuert. Dass ich in Kost und Logis war, wurde nicht angegeben, und die LVA hatte dieses mit einer Pauschale angerechnet. Regulär hätte ich 400 DM mehr bekommen müssen. Ich war sauer und wütend auf die Zirkus-Leute, aber im Urlaub auf Gran Canaria vergaß ich alles.

Im April begann Ilse wieder auf dem Hamburger Dom zu arbeiten. Doch sie klagte über Kopf- und Herzschmerzen. Der Arzt stellte hohen Blutdruck fest, warnte vor einem Infarkt und meinte, eine Herzoperation würde helfen. Das ganze Jahr warteten wir auf eine Operation, doch erst im Frühjahr 1990 kam ein Bescheid, Ilse sollte nach Heidelberg in eine Herzklinik kommen. Auf meine erste Anfrage hieß es, meine Frau ist operiert und alles wäre gut, ich möchte in den nächsten Tagen noch mal nachfragen. Ich rief wieder im Krankenhaus an, es hieß, man könne mir nichts sagen. Darüber war ich verwundert und verärgert, also telefonierte ich nochmal und hörte nun auf Englisch: „Ihre Frau hat einen Schlaganfall erlitten und ist seit Freitag im Krankenhaus Hamburg-Altona."

Ich war schockiert und fuhr in das Krankenhaus. Doktor Bath, der mich empfang und zu meiner Frau brachte sagte: „Nachher müssen wir miteinander reden, ich komme und hole Sie ab." Ich nahm meine Frau in den Arm und wir weinten beide, meine Frau konnte nicht mehr sprechen, sagte nur immer wieder: „Baba baba." Der Doktor erzählte mir, dass meine Frau die Operation gut überstanden hätte, doch hat sie am nächsten Tag einen Schlaganfall gehabt. Sie müsse noch einige Wochen im Krankenhaus bleiben, anschließend käme sie in eine Reha-Klinik.

Ilse erholte sich zum Glück, sie konnte auch wieder sprechen und hatte keine Lähmung. In der Reha-Klinik Bad Segeberg war die Betreuung sehr gut. Im Juni war sie wieder Zu Hause. Nach drei Wochen wollte sie wieder arbeiten, obwohl ich mahnte. Einen Urlaub auf Gran Canaria konnten wir nicht mehr erleben, meine Frau durfte nicht fliegen. So verbrachten wir Jahr für Jahr schöne Urlaubswochen in unserem Campingwagen an der Ostsee, machten Busreisen durch Schleswig-Holstein und wiederholten einige Male Butterfahrten

Familie Wulf 1993

nach Dänemark. Ich erfreute mich beim Angeln, ich war ja Rentner und hatte viel Zeit. Meine Frau war glücklich und zufrieden, wenn sie am Kinder-Karussell arbeiten konnte.

Peter verkaufte in Hamburg Computer und hatte eine Wohnung in unserem Haus bekommen. Sie stand Jahre leer, war heruntergekommen und hatte weder Heizung noch Bad. Das Haus gehörte mittlerweile der Holsten, und ich handelte eine geringe Miete aus. Mit Freunden zusammen renovierten wir die Wohnung und ließen alles einbauen. Sie hat auch einen schönen Garten.

Im Februar 1994, nachmittags beim Kaffeetrinken, brach meine Frau lautlos im Sessel zusammen. Ich wusste sofort, es ist wieder ein Schlaganfall. Ich rief den Notarzt, der Augenblicke später erschien und meine Frau ins Krankenhaus brachte. Ich ließ meinen Sohn von seiner Arbeitsstelle kommen und wir fuhren in die Klinik. Es gab Komplikationen. Der Doktor kam zu uns und sagte: „Ihre Frau und Mutter wird künstlich beatmet, wir wissen nicht ob sie von selbst weiteratmet, wenn wir es einstellen." Wir beide, Vater und Sohn, sollten entscheiden, sie sterben zu lassen oder unsere Frau und Mutter als Pflegefall zurückzubekommen. Ilse nahm uns die Entscheidung ab und begann wieder selbstständig zu atmen.

Sie blieb noch viele Wochen im Krankenhaus und musste anschließend wieder in die Reha-Klinik. Wir besuchten unsere Mutti jeden zweiten Tag. Sie erkannte uns und lächelte, sprechen und gehen war nicht möglich. In der zweiten Juniwoche war sie wieder bei uns daheim. Wir tauschten mit Peters Wohnung im Erdgeschoss, die ich behindertengerecht umbauen ließ, damit der Rollstuhl überall hingefahren werden konnte. Aus der Küche zum Garten baute ich eine Rampe, legte Platten und pflanzte Blumen. Stellte noch Tisch und Stühle in den Garten, damit auch Nachbarn mal kommen konnten. Wir hatten die Wohnung in fünf Wochen umgebaut, es kostete unser Erspartes.

Ilse umarmte uns als sie nach acht Wochen Reha zurückkam, ich sagte, dass ich alles für sie tun werde. Sie nickte und deutete auf die neue Küche. Ich musste begreifen, was sie nun meinte, und oft tat ich das Verkehrte. Mit der Zeit verstand ich ihre Deutungen. Ich kochte, was sie gerne mochte und half beim Essen. Rund um die Uhr kümmerte ich mich um Ilse, sie konnte leider nichts mehr selber machen. Peter half so gut er konnte, aber nachts war ich mit Ilse allein und Durchschlafen nicht möglich. Die ersten Wochen waren für mich hart, dann wurde es besser. Leider bekam meine Frau keine Rente, ich kam mit meiner nicht mehr aus. Ich musste für Windeln, Medizin und vieles mehr bezahlen. Um etwas genehmigt zu bekommen, musste ich meine Frau überall wie ein Zirkuspferd vorführen, danach hieß es, sie bekommen Bescheid. Immer wieder wurde alles verzögert, erneute Anträge, erneute Vorführung. Nachbarn und viele Bekannte kamen uns nicht mehr besuchen. Jetzt, wo wir Aufmunterung brauchten, kam keiner.

Das Jahr 1996 kam und auch die Pflegehilfe. Meine Frau war auf Pflegestufe zwei eingestuft worden. Minutiös waren in dem Bescheid die Zeiten für Frühstück-, Mittagessen- und Abendbrotzubereitung aufgeführt. Beamte, die so etwas ausdenken, sind in meinen Augen „Idioten" und haben wohl noch nie Essen zubereitet. Es kamen Pflegekräfte, selten gut ausgebildet, aber oftmals zu spät oder zu früh. Einer sagte, er wäre Muslim und dürfte Brust und Unterleib meiner Frau nicht waschen. Ich habe so manchem sein Arbeitspapier nicht unterschrieben.

Ilse war durch die Medikamente schwer geworden und aggressiver. Ich hatte mit meiner Frau so lange geübt, dass sie ihren rechten Arm etwas bewegen konnte. Mit dem Löffel konnte sie wieder essen und die Tasse Kaffee heben. Morgens beim Kaffee schneide ich mit dem Brotmesser die Brötchen, lege das Messer beiseite und beginne die Brötchen zu belegen. Da bemerke ich aus dem Augenwinkel, wie meine Frau das Messer nimmt und auf mich zustößt. Ich kann mich noch wegdrehen, doch das Messer durchschneidet mein Hemd. Ich war geschockt, damit hätte ich nie gerechnet, und als sie sah, was sie angerichtet hatte, weinte sie herzzerreißend, und ich merkte an ihren Gesten, dass sie so etwas gar nicht wollte. Für die Frau, die vom 17. Lebensjahr an hart arbeiten musste, war das kein Leben mehr.

Wer fast gestorben wäre war ich, mit einem Herzinfarkt brach ich zusammen. Ilse schrie so laut, das die Nachbarin es hörte und die Polizei verständigte. Man fand mich und ich kam ins Krankenhaus. Nun musste nachts unser Sohn bei seiner Mutter bleiben und am Tag eine Pflegerin. Zum Glück hatte ich nur einen leichten Anfall und war nach zwölf Tagen wieder daheim. Unser Arzt meinte, dass Ilse in einem Pflegeheim müsse, ich solle mit ihr darüber sprechen. Ilse war mit dem Heim einverstanden. Das neuerbaute Pflegeheim lag in der Nähe, sodass ich sie jeden Tag besuchen konnte.

Als ich meine Frau am ersten Sonntag besuchte, war sie irgendwie phlegmatisch, müdes Gesicht, kein Lächeln, nicht mal unser Sohn konnte sie aufmuntern. Ich durfte sie ins Café fahren, dort deutete sie auf eine Coca Cola. Weil Ilse nachts rebellierte, wurde sie mit Tabletten stillgesetzt. Beim nächsten Besuch war meine Frau nicht angezogen und lag im Bett, es fehlten auch Kleidungsstücke im Schrank. Sie war schmutzig durch das Hemd bis in den Rücken. Als ich eine Pflegerin suchte, waren diese am Kaffeetrinken und ärgerlich über mein Erscheinen. Daraufhin wurde ich so laut, dass endlich die Leiterin kam. Sie sagte: „Halten Sie sich doch zurück." Ich sagte: „Das, was ich hier sehe, ist eine große Schweinerei. Die neuen Sachen meiner Frau sind weg, sie selbst sitzt in ihren Exkrementen und ist mit Medikamenten vollgestopft. Ich kann nicht mal mit ihr ins Café gehen. Von hier aus gehe ich zur Bildzeitung und werde dort von diesen Schweinereien erzählen. Da werden Sie mich nicht von abhalten."

Zu Hause habe ich vor Wut über die Schlamperei geweint. Am nächsten Tag besuchten wir Ilse, sie saß sauber und lächelnd im Rollstuhl und wartete schon auf uns. Wir gingen in das Café, nahmen ein Stück Eistorte und eine Tasse Kaffee. Ilse hatte jetzt ein Zimmer in Parterre und brauchte nicht mehr den Fahrstuhl benutzen. Beim Abschied war Ilse guter Dinge und freute sich schon auf den nächsten Besuch. Ich möchte Bananen mitbringen, meinte meine Frau in Gesten.

Morgens klingelte das Telefon, es war das Pflegeheim. Mir wurde mitgeteilt, dass meine Frau gestorben war. Ich rief Peter an, uns beiden war elendig zu Mute, wir fanden kaum tröstende Worte. Wir fuhren in das Pflegeheim. Im Büro sagte die Ärztin, dass Ilse um 8 Uhr in der Früh an einem Schlaganfall gestorben war. Ilse war in einem Raum aufgebahrt. Ihre Haut war eiskalt, dass konnten wir beim Abschiedskuss spüren. Es war der 17. September 1997. Meine Frau ruht, anonym wie sie es wollte, auf einen Friedhof in Hamburg. Die engsten Freunde und meine Geschwister kamen zur Beerdigung.

Ich begann nachts mit meiner Frau zu reden, hörte ihre Antwort, stand vom Bett auf, öffnete alle Türen, sah ihren Schatten, der immer weiter zurückwich, je dichter ich kam. Ich hörte ihr Lachen und roch ihr Parfüm. Ich ging zu meinem Arzt und erzählte ihm davon. Er sprach mit einem Doktor im Uni-Krankenhaus. Mit dem Bus, in der Hand meinen kleinen Koffer, fuhr ich ins Krankenhaus. Dort behielt man mich über einen Monat. Ich kam zurück und fand mich nun im Leben wieder zurecht. Ich kaufte neue Möbel, baute den Garten um und stellte Bilder von Ilse auf die Regale. Bei meiner Schwester Anke in Neustadt an der Ostsee machte ich Camping und fand drei prima Angel-Freunde, die mich zum Forellenangeln mitnahmen. So verflogen die nächsten 3 Jahre, ich war wieder guter Dinge.

Das Jahr 2000 kam, ich wurde 70 und immer dicker. Ich lebte nun allein in meiner Parterre-Wohnung und war glücklich, wenn ich Angeln gehen konnte. Mein Sohn ist zum Freund geworden, der mir immer zur Seite steht. Er fertigt Computer, speziell für die Werbebranche. Was ich noch vor zehn Jahren mit dem Pinsel malte, wird jetzt mit Computern erledigt.

In meinem kleinen Hinterhof-Garten pflanzte ich, was zeitmäßig anfällt. Stiefmütterchen, Tagetes, Rosen, Clematis, Canna und Engelstrompete. Ein wunderbar blau blühender Schmetterlingsbaum gehört auch dazu. Ich sitze, wenn es das Wetter zulässt, immer im Garten und schaue auf Amseln, Zaunkönig und Haus-Rotschwänzchen. Alle Paare brüten in Kästen und Hecken. Es kommen auch einige Spatzen, die Schwärme gehörten einst zum Stadtbild, jetzt sind sie selten geworden.

Nun kam der Euro, und vom Hausbesitzer zu Weihnachten eine Mieterhöhung. Bei Peter lief es nicht so gut. Investoren hatten Projekte gestoppt, auch wegen den New Yorker Anschläge im Vorjahr. Das Geld wurde knapper. Peter holte mir einen

Antrag auf Wohngeld. Er wurde abgelehnt weil ich dafür neun Euro zu viel Rente hatte. Ich konnte nicht mehr so oft an die Ostsee fahren. Mein Hobby, das Angeln, ermöglichten mir weiterhin meine Freunde und nahmen mich in ihren Autos mit. Und so manchen Betrag für die Angelkarte zahlten sie auch. Ich bin glücklich, diese Freunde zu haben.

Manchmal telefoniere ich mit ehemaligen Kollegen vom Zirkus. Ich blieb auch mit der Familie Richard und Heide Pohl in schriftlicher Verbindung. Von Heidi kam ein Brief, in dem sie mir mitteilte, die Adresse meiner ersten Liebe zu kennen. Ich bat um die Adresse und war natürlich neugierig, was aus der kleinen Gretel geworden war, wiederum dachte ich, soll das Vergangene wieder auferstehen? Sie mag verheiratet sein, und ich breche mit meinen Zeilen alte Wunden auf, oder sie bekommt Ärger mit ihrem Mann. So holte ich mir bei Heidi ein paar Auskünfte und musste erfahren, dass die Gretel Witwe wäre und einen Sohn hätte, der in Frankreich verheiratet wäre. Das machte mir Mut zum Schreiben und ich schickte ein paar ausführliche Zeilen an Frau Gretel Starck, wie sie nun genannt wurde.

Noch in derselben Woche kam Antwort. Ich war erstaunt, was Gretel noch alles über mich wusste. Sie selbst hätte auch gerne an mich geschrieben, doch sich nicht getraut. Nun kam es zum Austausch von allerlei Neuigkeiten. Sie schrieb, wer ihr Mann gewesen war, was ihr Sohn machte und dass sie im Rollstuhl sitze. Die Geburt des Kindes hatte bewirkt, dass Unterleib und Beine in Mitleidenschaft gezogen wurden. Nach der Geburt des Sohnes lag sie lange im Krankenhaus. Der Mann hatte sich eine Freundin genommen und ging als Musiker auf Tournee. Er hatte kein Geld geschickt, sondern alles vertrunken. Das Trinken hat ihn krank gemacht, und er ist auch daran gestorben.

Gretel erwähnte in einem Brief, ob ich nicht mal zu ihr kommen möchte, das Zimmer des Sohnes wäre frei, und es wäre wunderbar, nach 40 Jahren sich wiederzusehen. Ich hatte wenig Geld und sie konnte durch ihre Behinderung nicht zu mir kommen. Da sah ich im Fernsehen die Talk Show mit Nicole, im PRO7 Programm. Die brachte Leute vor der Kamera zusammen, die sich lange Zeit nicht gesehen hatten. Ich schrieb an den Sender und bekam Antwort. In einem Telefongespräch erläuterte ich unsere Situation. Man wolle alles klären und uns

Antwort geben. Die kam nach sechs Tagen, ich erhielt den Freiflug München hin und zurück sowie die Übernachtung mit Frühstück im Hotel Ibis.

Mit Gretel zu Gast bei Nicole, PRO7

Ich wurde abgeholt und nach Unterföhring gefahren. Dort wurde ich sehr freundlich aufgenommen und man umsorgte mich. Ein junger Mann besprach mit mir, was ich zu tun hätte und dass nach dem Auftritt alle zusammen ins Hotel zurückfahren. Eine Stunde vor der Sendung kam Nicole und besprach mit mir den Verlauf der Aufzeichnung, dass Gretel mit Begleitung in einem anderen Zimmer wäre und dass wir zwei uns erst vor der Kamera sehen und begrüßen würden. Eine Flasche Sekt wurde geöffnet und auf die kommende Sendung angestoßen. Der Sekt schmeckte mir, und meine Laune wurde immer besser.

Nach genau 40 Jahren trafen wir uns wieder, vor einer Kamera und vor Zuschauern. Es flossen viele Tränen, Nicole begann das Gespräch und stellte Fragen. Es wurden alte Fotos eingeblendet. Beim Ansehen der Bilder mussten wir erkennen, dass wir sehr alt geworden waren. „There's No Business Like Show Business" ging mir auf der Rückfahrt zum Hotel durch den Kopf. Das Lied beschreibt den Glanz und die Aufregung eines Lebens im Show-Geschäft. Am Abend im Hotel kamen alle zusammen an einen Tisch. Die gesamten Fernsehleute, es kam auch Nicole mit ihrem Freund und Gretel mit Pflegerin und Fahrer. Es wurde ein wunderschöner Abend.

Wir verabredeten, dass ich mit nach Baden-Baden fahren würde, um dort ein paar Tage bei Gretel zu bleiben. Dort musste ich erkennen, wie arm und erbärmlich die Gretel lebte. Da sie an Krücken gehen musste, konnte sie keine Arbeiten verrichten. Die Frau, die zum Saubermachen kam, war dreckiger als die Wohnung. Ich reinigte die Wohnung und kochte ein Gulasch, die Soße mit Pilzen und ein Glas Rotwein dazu. Der Bäcker fragte mich, ob ich der neue Freund von Frau Starck wäre. Man hätte uns im Fernsehen gesehen. Ich musste die Leute leider enttäuschen, die

Freundschaft zur Gretel war da, aber eine Liebe? Nein, eine Liebe konnte nicht mehr entstehen. Wir hatten uns viel zu erzählen und schöne Tage zusammen, nach sechs Tagen musste ich abfahren. Im Zug war ich am Zweifeln, ob es richtig war zu fahren. Ich meinte Ja und grübelte aber darüber, wie sie nun allein zurechtkommen würde.

Ich schrieb viel Briefe an Gretel, Heidi und meine Geschwister. Klaus Verhag aus Flieden schrieb mir und später bekam ich Post von Frau Zahradnik aus Kempten, die dort mit ihren zwei kleinen Schwestern lebte. Alle waren als Liliput-Artisten beim Circus Schneider gewesen und hatten Gretel und mich im Fernsehen bei Nicole gesehen. Ich erfuhr, dass Familie Schneider jetzt einen Holiday-Park hatte und Herr Schneider gestorben war. Da müssen die „Kleinen" doch Millionen eingebracht haben, damit so ein Park aufgebaut werden konnte, dachte ich. Leider erhielt ich auch die Nachricht, dass die Gretel einen Schlaganfall erlitten hatte und im Krankenhaus war. Die Nachbarin hatte sich gewundert, dass die Rollos um 14 Uhr immer noch geschlossen waren, man fanden sie ohnmächtig liegend im Bett. Die Heilung im Krankenhaus und später in einem Heim verlief sehr langsam.

Es vergingen sechs Monate und Nicole von PRO7 fragte bei mir an, ob wir noch einmal vor die Kamera kommen möchten. Ich erzählte, was geschehen war und dass sie sich an das Pflegeheim in Baden-Baden wenden könnten, wo Gretel war. Einige Tage später kam ein Brief mit der Nachricht, dass ich nach München kommen möchte, die Flugkarte wäre deponiert bei der Fluggesellschaft. So flog ich nach München. Vom Flughafen fuhr ich mit dem Kamera-Team nach Baden-Baden. Sie machten im Heim Aufnahmen von Gretel und mir. Ich versprach ihr am übernächsten Tag zu kommen und ein paar Stunden zu bleiben. Am nächsten Tag erzählte ich vor der Kamera über unser Wiedersehen und vom Zustand von Gretel. Es gab Einblendungen einiger meiner Zirkus-Fotos und von unserer Begegnung im Heim.

Im Hotel sprach mich ein Mann an, er hatte mich im Studio gesehen und auch meine Fotos vom Zirkus. Er war Amerikaner und mit vier Freunden auf einer Reise durch Deutschland. Sie hatten den Rhein befahren, die Burgen besichtigt und wollten nun nach Baden-Baden zur Spielbank. Ich musste ihnen vom Zirkus und den Tieren erzählen. Baden-Baden war auch mein Ziel, ich wollte ja noch Gretel besuchen. Sie luden mich ein, und am Morgen nach dem Frühstück fuhren wir los. Die große Limousine fuhr aber nicht Richtung Baden-Baden, sondern Richtung München. Auf einen Flugplatz angekommen, fuhren wir bis zu einem kleinen Jet und stiegen ein. Ich war erstaunt. In Baden-Baden gelandet, fuhr das Flugzeug in eine Halle. Es folgte langes Händeschütteln und wir verabschiedeten uns. Meine amerikanischen Freunde waren sehr nett. Sie zahlten auch mein Taxi, das wartete schon an der Halle. Ich fuhr nach Baden-Ebersbach, wo Gretel früher gewohnt hatte, ich wollte mit ihrer Nachbarin sprechen. Auf der Fahrt sagte der Fahrer, dass er bis 18 Uhr bezahlt war und fragte, wo ich überall hin möchte. Ich war ziemlich überrascht es war erst Vormittag.

Mit Frau Meder sprach ich lange über Gretel und sie erzählte, was sie mit ihr erlebt hatte. Dass der Sohn sich nicht um die Mutter kümmerte, die Schwiegertochter auch nicht. Auch die Enkelin hätte Gretel noch nicht gesehen. Ich verabschiedete mich und lud den Taxifahrer zum Mittagessen in ein Restaurant. Nach dem Essen zeigte er mir die Sehenswürdigkeiten von Baden-Baden, wir machten eine Stadtrundfahrt. Um 15 Uhr war ich am Pflegeheim, wurde dort aber abgewiesen, ja man hörte mich gar nicht an. Ich fuhr sehr verärgert nach Hause und schrieb einen Brief an die Heimleitung. Von Nicole erhielt ich später noch eine Anfrage. Ich musste absagen und Gretel hatte inzwischen einen zweiten Schlaganfall erlitten.

Ich freue mich auf die Tage, an denen einer meiner Angelfreunde mich mitnimmt. Dort am Fluss oder am See, wo ich dann auf den Schwimmer der Angel schaue und einen Biss erwarte, dort werde ich ein paar Stunden munter und freue mich über ein paar Barsche oder Forellen. Nach Rückkehr von der Angeltour bin ich wieder allein, überdenke beim Säubern der Fische die verbrachten Stunden und falle zurück in den Gleichmut und Trott aller Tage. Die Zeitung nach dem Kaffee, denn ich muss ja wissen, welche Meinung ich heute vertreten darf. Meine eigene Meinung oder die der Zeitung. Ich koche selbst, meistens im Römertopf. In den letzten Monaten bin ich ein Suppenkasper geworden. Ich mache meinen Rundgang, um die Brauerei, die Schule und wieder zurück in die Wohnung. Bis 23 Uhr sehe ich fern, danach gehe ich schlafen. Ich lese viel: Leon Uris, Norman Mailer, H. Robbins, Collens Lapierre, alles von Konsalik, über den 2. Weltkrieg und die Nachkriegsjahre. Im Fernsehen sah ich die russischen Weiten, Taiga im Sommer und Winter. Das Leben der Menschen und Tiere, es ist schön, dass man heute dort filmen darf.

2009 ist das Rheuma schlimmer geworden, ich konnte nicht mehr angeln und kochen. Peter macht jetzt alles für mich. Er wohnt noch in derselben Straße, ist aber in eine kleinere Wohnung gezogen. Wir wollten uns mit meinem Zustand nicht abfinden, meine Schmerzen wurden immer heftiger, und die Physiotherapie half auch nicht. Wir fuhren zu verschiedenen Ärzten, die Liegen waren immer zu hoch für mich und man untersuchte mich auf dem Boden oder sitzend. Eine Ärztin hatte eine Idee. Ich verstand zuerst den Namen der Krankheit nicht, aber Peter wollte im Internet nachschauen. Am nächsten Tag sagte er zu mir: „Wenn du Polymyalgia hast, kann man was dagegen tun", und fuhr mit mir zu einem Arzt. Nach dem Röntgen und Untersuchen, gab er mir ein Rezept für Tabletten mit einer Anleitung. Am zweiten Tag waren die Schmerzen erträglicher, und am vierten Tag konnte ich seit Langem wieder durchschlafen. Die Beweglichkeit wurde leider nicht besser, aber die Schmerzen ließen nach.

Im Hamburger Stadtteil Altona-Nord befindet sich die Harkortstraße, zwischen dem Bahngelände und der Holsten-Brauerei. Im Haus Nr. 146 bewohne ich eine Parterrewohnung, mit Vorgarten zur Straße und einem Hofgarten. Der Garten im Hof ist nicht sehr groß, dafür aber ein ruhiger Erholungsort. Auch viele Tiere nutzen diese Oasen in der Stadt als Rückzugsgebiet, für die Aufzucht der Jungen oder zum Überwintern. Meine Nachbarin Liesel rief mich aufgeregt an, es war im März 2011, und sie erzählte mir, dass sie einen Fuchs in ihrem Vorgarten gesehen hätte. Ich beruhigte sie und glaubte eher an einen Hund, den sie dort sah. Auf dem Bahngelände des Gleisdreiecks-Altona, das seit vielen Jahren brach liegt, gibt es Kaninchen, Eichhörnchen und andere kleine Nager. Deshalb habe ich öfters dort Raubvögel bei der Jagd beobachten können, aber einen Fuchs hatte ich mitten in Hamburg noch nicht gesehen. Meine Neugierde trieb mich ans Wohnzimmerfenster und ich schaute in meinen Vorgarten. Dort sah ich den Fuchs, er hatte es sich unter meinen Rhododendronbüschen gemütlich gemacht. Schnell holte ich meine Kamera und konnte ein paar Fotos machen. Als der Fuchs mich sah, stand er auf, kam sogar dichter an das Fenster und schaute zu mir hoch. Dann schlüpfte er durch die Hecke und verschwand.

Um die Fotos auszudrucken rief ich Peter an und erzählte von dem Fuchs. Er kam gleich rüber, um die Kamera zu holen. Da hatte ich noch die Idee, die Fotos an die Bildzeitung zu schicken. Peter sendete die Fotos per E-Mail an „Bild Leser Reporter", und schon eine Stunde später bekam ich einen Anruf von der Zeitung. Sie wollten einen Fototermin mit mir ausmachen, die Geschichte mit dem Fuchs sollte auf die

Internetseite der „Bild". Herr Scheffen, der Fotograf der Zeitung, kam, machte Fotos und schaute sich die Zirkusbilder an, die im Flur hängen. Das interessierte ihn und ich erzählte einige Anekdoten aus der Zirkuszeit. Zwei Tage später war der Fuchs aus Altona nicht nur auf der Internetseite der „Bild" zu sehen, sondern auch deutschlandweit in der Zeitung.

Wenn in Hamburg ein Zirkus sein Zelt aufbaut, werde ich neugierig und versuche an Freikarten zu kommen, was mir auch jedes Mal gelingt. Viele Jahre sind vergangen, das Zirkusleben hat sich geändert. Die Musik im Zelt ist für meinen Geschmack zu laut, und das Publikum trampelt jetzt mit den Füßen und pfeift, anstatt die Darbietungen mit einem kräftigen Applaus zu honorieren. Ich besuchte den Circus Roncalli und erlebte eine wunderbare Vorstellung der Artisten. Roncalli ist immer noch mit einem guten Programm unterwegs, und als Besucher kann man sich bei Kaffee und Kuchen mit den Artisten unterhalten, auch etwas Neues im Zirkus. Im Circus Charles Knie gefielen mir die Unterbringung der Tiere und die sehenswerten Vorführungen. Einige Zirkusse verzichten heutzutage ganz auf Tiernummern. Ich vermisse sie natürlich, habe aber jetzt eine andere Meinung über Tierhaltung und Dressur.

Über dressierte oder in Gefangenschaft gehaltene Tiere wurde früher ganz anders gedacht als heute. Nach dem Krieg war Mangel an Unterhaltung und ein Zirkus war eine Sensation. Im Zirkus sah man Tiere und Artisten, das war für viele Menschen eine Ablenkung vom Alltag. An Verhaltensstörungen bei Tieren dachte keiner, oder man erkannte sie nicht. Elefanten beginnen den Körper zu schaukeln, Raubtiere laufen im Käfig hin und her und Bären heben abwechselnd die Vordertatzen. Man baut für die Tiere zweckmäßige Anlagen, überschaubarer für die Besucher. Aber der Mensch denkt nur an sich und zerstört überall den Lebensraum der Tiere und somit ganze Tierarten. Trotz allem werde ich wieder in den Zirkus gehen, etwas Zirkus ist in mir geblieben.

So ist mein Leben, als Rentner und als ein Mensch, der nicht normal gewachsen ist. 1,45 Meter, für einen Liliput zu groß, für die anderen Menschen zu klein. Wenn ich gefragt wurde: „Sind Sie ein Liliputaner?" Dann kam meine Antwort: „Nein, ich will erst einer werden." Soweit ich zurückdenken kann, gibt es in unserer Verwandtschaft keine Kleinwüchsigen. Meine Eltern waren normal in der Länge, Vater 1,80 Meter,

Mutter 1,70. Alle meine Geschwister und deren Kinder sind groß. Durch meine Arbeit beim Liliputaner-Circus Schneider lernte ich etwa 50 kleine Leute kennen und hatte auch Einblick in ihre Familien. Natürlich heirateten die Kleinen auch Untereinander. Es ist selten, dass ein Mensch klein bleibt und wenn, meistens eine Laune der Natur.

Ich habe ein arbeits- und erlebnisreiches Leben, mit guten und schlechten Zeiten, überwunden. Jetzt bin ich über 80 Jahre alt. Ich bin glücklich darüber, 40 Jahre mit Ilse verbracht zu haben und stolz auf unseren Sohn. Ich nehme jeden Tag der kommt glücklich an und wäre froh, noch ein paar Jahre Leben zu dürfen.

Ich hoffe, Sie haben bis hier dem „lütt wulf" zugehört und gehen mal wieder in den Zirkus.